Lazarillo de Tormes

LA VIDA DE
Lazarillo de Tormes
y de sus fortunas y adversidades

EDITED BY

EVERETT W. HESSE

AND

HARRY F. WILLIAMS

WITH AN INTRODUCTION BY

AMÉRICO CASTRO

UNIVERSITY OF WISCONSIN PRESS

Published 1948, 1961

The University of Wisconsin Press
114 North Murray Street
Madison, Wisconsin 53715

The University of Wisconsin Press, Ltd.
1 Gower Street
London WC1E 6HA, England

Revised edition printings 1961, 1966, 1969, 1973, 1977, 1983

Printed in the United States of America

ISBN 0-299-00545-3

INTRODUCTION

FOUR HUNDRED years after its appearance the anonymous *Lazarillo de Tormes* still compels our interest from the very first page. The story was first published in 1554 in three cities—Burgos, Alcalá, and Antwerp—and was immediately successful. Five years later it was banned by the Inquisition, but it nevertheless continued to be reprinted, with some expurgations in Spain, and in its entirety in other countries. As successive editions appeared, the little book worked itself permanently into the literature not only of Spain but of the rest of Europe. It was destined to beget a whole new genre, the so-called picaresque novel, which began with Mateo Alemán's *Guzmán de Alfarache*, published in 1599.

The great popularity of the *Lazarillo* may be attributed largely to its daring autobiographical form. In the stories of Boccaccio and other master raconteurs, the life of a given person had been sustained and manipulated by an author who remained always on the outside, portraying human actions much as a painter might depict the image of a person or a fragment of nature. But the *Lazarillo* is different. Here we enjoy the illusion of observing human life directly, without any intermediary, of being invited to enter the individual's inner consciousness and to contemplate his actions from that viewpoint.

Implicit in this change in narrative technique was the abandonment of traditional topics which had provided the story-tellers with predetermined frames of happenings. In this manner well-fashioned and close-fitting stories could be derived from such themes as idealized love, deeds of chivalry, deception, vengeance, etc. The *Lazarillo* offers us in place of this an episodic narration, arbitrarily stopped, which might be, and in effect was, continued by other writers. Here we have a necessarily inconclusive process, since the telling of one's experience, being itself a part of that experience, is equally open and inconclusive. Thus the narration which is founded upon a *common denominator*, a generic happening, is succeeded by this attempt to base the narration on concrete and individual experience, from which we discern new perspectives. The *Lazarillo*, because of this *novelistic* style, contributed to the development of the literary genre later called the modern novel.

The artistic innovation of having a character from the lowest class appear in the Spain of 1554 telling the story of his own life was not a capricious innovation or without roots in the past. The significance and achievements of people either of flesh and blood or of the imagination (Ferdinand the Catholic or Amadís) were in themselves enough to justify the interest of any biographer. But a being as insignificant as Lázaro de Tormes could attract the attention of none but himself. Since the end of the fifteenth century, characters taken from the lowest classes had been used as a weapon against the aristocracy and the values they had for centuries incarnated. Literary types that previously had lacked social dignity were beginning to acquire a possible significance. Contributing circumstances of a political and religious character cannot here be analyzed. Thus it is less surprising that at the end of the prologue the author-protagonist should write that he has decided to tell the history of his own life so that "Those who have inherited a noble estate will consider *how little they deserve it,* luck having been with them; and *how much more has been accomplished by those* who, luck being against them, have reached a worthy goal by their own strength, pulling hard against the current." We can see, consequently, how it came about that a new manner of narration, born of a violent and aggressive frame of mind, appeared in literary history. Idealized love and deeds of chivalry, as literary motivations, were to be replaced by hunger.

The central interest, then, is not the magnificent, conquering Spain of Charles the Fifth, but a humble little figure devoid of those values chiefly esteemed by that world. The new hero, on the other hand, possessed a complete awareness not only of his bare self but also of his will, a will capable of sustaining itself in the face of the severest adversity. But since a real biography of such an unimportant person would have lacked any justification at that time (nineteenth-century Romanticism was a long way off), the author had to yield his place to a creature of his imagination. The autobiographical style thus became an integral part of the process of focusing artistically upon a theme previously unnoticed or scorned. The author himself (possibly of Jewish descent) kept so aloof that he even refused to reveal his name. The autobiographical style of the *Lazarillo* and its anonymity are as the warp and the woof of the same piece of cloth. As for the author-protagonist, he appeared with such a vividness that his name has come to signify all those who serve as guides to the blind. The first *pícaro* in Spanish literature perhaps was called Lazarus after the poor leper mentioned in the Gospels, the prototype of all wretched and painful existences.

The work is ironic and sarcastic in tone, rather than didactic or moralizing. Social criticism in literature had been appearing ever since the Middle Ages and abounded at the beginning of the sixteenth century without awakening any durable interest. In the *Lazarillo* criticism and doctrine are the least important element; its decisive value lies in the vitality of its characters, so vividly created that we can almost see and hear them. It is not easy to forget the praying blind man: "A hundred and some prayers he knew by heart. A deep voice, smooth and sonorous, that would echo throughout the church in which he was praying; a humble and devout face, which he would put on very decorously, without the grimaces that others are wont to make!" This type—the sanctimonious person—was to appear later in other picaresque novels, always in manifold ironical aspects. Traveling through seventeenth-century fiction and theater, he was to show up at last in Molière's *Tartuffe.*

The clerics and the blind man—unlovely offsprings of the author's scorn and sarcasm—shape their characters as they encounter the antipathy which they inspire in Lazarillo. As an oasis in such a moral emptiness we welcome the compassionate understanding that brings together the lives of the Squire and Lázaro de Tormes, symbols of hostile worlds, who embrace each other fraternally in a moment of common anguish—the anguish of hunger.

Space forbids a lengthy discussion of realism in literature, or even of the extent to which the picaresque novel and Spanish literature in general can be regarded as realistic. Let us limit ourselves to saying that the "realism" so often attributed to the *Lazarillo* is more than a little suspect, if by this term we simply mean the portrayal of the visible or tangible and not the literary projection of the manner in which a writer achieves reality. The statement that in the picaresque novel persons and things are "realistic" stems from the naïve belief that literature attains its esthetic appeal merely through reproducing the reality perceived by the senses. Centuries ago it was thought that literature was, or should be, an imitation of reality or a presentation of its most significant aspects. Were that true, things commonly perceived would be artistic in themselves. The resulting literary work would be reduced to a sort of digest of the world of immediate availability to all commerce. This idea is untenable. The truth is that this reality, so-called, is nothing but an ensemble of fragmentary, disorganized, and—ultimately—chaotic impressions.

These confused impressions may then be organized as coherent units either in scientific thought (for instance, by saying that all natural things consist of atoms disposed in a certain way), or in artistic creations, namely, in ideal, imagined, expressive, and unique structures. These structures, conceived as a whole, do not consist of abstract thought. They may rest, in the case of literature, on purely imaginary literary characters, on the expression of the innermost feelings, or on human situations, wherein an author injects his particular conception of life. Ultimately the reality of a literary work lies in its words, in the way we feel and understand them. Through them we see and interpret the silent and meaningless realm of things. If, for instance, certain objects are regarded as taboo by a given people in a given time, this is due to the fact that, once upon a time, a man began to say that these objects should be regarded and feared as such a taboo. In this way a taboo became a "reality." The first reality of the taboo, consequently, has to be sought for in the words, in the living reality of the first man who said that something should be taboo.

Nowadays our ideas and representations of Spanish picaros are chiefly those expressed in the picaresque literature—an autonomous and artistic reality.[1] This principle holds true if referred to the so-called "idealistic" as well as "realistic" literature. Lazarillo, as a literary creature, is as ungraspable as the knight-errant Amadis in the fabulous romances of chivalry.

The tattered picaros that everybody could see in sixteenth-century Spain and in other countries (vagrants, errand-boys, scullions, pick-pockets, etc.) were, for the author of *Lazarillo de Tormes,* in the last analysis what line and color are for the painter. The picaros walking along the roads, gathering idly in public places, scratching at their fleas—those men of low cunning cannot be equated with Lázaro de Tormes, Guzmán de Alfarache, or Pablos the "Buscón." The latter are artistically important not for the fact of being picaros but for their unique manner of expressing their consciousness

1. Those interested in knowing more about this difficult problem may read J. Ortega y Gasset, *Meditaciones del Quijote* (1921), 157–169, and Américo Castro, *El pensamiento de Cervantes* (1925), 230–239.

and of envisaging life—their own lives and the world about them. Such data of actual reality as are present only serve as ingredients to build up an artistic, independent, and autonomous reality.

The influence of the technique of the natural sciences upon the study of human life and its expression has led some scholars to think that *Lazarillo de Tormes* could be made more intelligible if we knew the identity of its author. A good deal of research has been devoted to the matter, as though a knowledge of the personality of the writer would be able to unveil a previous creative stage, as it were, a *cause* of the literary reality of the book. According to this view, the *Lazarillo de Tormes* would seem to be a natural phenomenon the cause of which could be found by scientific investigation. We should realize, however, that this anonymity is not an accident, nor an omission, but an essential aspect of the literary reality of the book. If we take the fact of this anonymity as a point of departure, we may penetrate the book more deeply and enjoy it better than through mere appeasement of our curiosity about the author's name. It cannot be overstressed that the problem of literary reality should be approached from a literary and human point of view, not from that of any quasi-scientific naturalism. Literary reality is, by no means, a tangible thing.

The character Lázaro gives the illusion of having actually lived. The reader is told that he was born in a specific place near Salamanca and at a specific time, shortly before the battle of Gelves. On the other hand, throughout the book he is continually linked to persons who are represented as mere types. Only Lazarillo has a name of his own, whereas the other characters are by definition *a* blind man, *a* squire, *a* friar, etc., all of them externally known and deprived of an inner life. As for Lázaro, he adjusts himself, as he moves along, to the purposes and interests of these different masters; he is individualized by the firm awareness of his own will and by his belief that he is following the right path of life. Our little "hero" thinks he has reached "the summit of all good fortune" when he marries the mistress of an archpriest, because the motivating force in this novelette and those of its kind is not heroism and social dignity but the negation of both. The *pícaro*[2] as a literary figure was the antithesis of the knight-errant in the romances of

2. No English word can render the exact meaning of *pícaro*, incomprehensible outside the literary frame of reference of the picaresque novel. "Rogue" or "rascal" are too strong in this case; "adventurer," "sharper," "outlaw" do

chivalry, the lover in the pastoral novel, the mystic, and the conquistador. Thus the normal hierarchy by which values are assessed is inverted and the pit of degradation becomes "the summit of all good fortune."

This typically picaresque intuition and understanding of life is in no way interpolated as a moral commentary; it is integrated into the very living experience of Lazarillo. Hence the novelty and the charm of this magnificent little book. Persons and things appear as empty outlines or deceptive illusions and not as well-integrated realities. Their artistic worth comes from being *worthless*, a value which increases negatively as it ascends to a "summit" usually reserved for great deeds, noble virtues, and beautiful things. The literary style of the picaresque novel is based on what I have called "negative idealism."

As examples of the way in which this reality-destroying style functions we may cite the *blinded* existence of the beggar; his prayers and medicines are a fraud to deceive the gullible; his alms and wine vanish, thanks to the subtle craft of Lazarillo; a sausage turns out to be a turnip; the blind man thinks he is jumping across a creek and smashes his face against a post; and so on. Reality is only the appearance of reality, a make-believe sustained by craft and knavery. The miserly priest thinks that it is mice and snakes that eat up his bread. The reader enjoys these simulations and their unsuccessful attempt to pass for the truth.

The chronic hunger of the Squire and his servant allows us to imagine them as living skeletons; the wealth of the starving hidalgo consists of "a block of houses which, *if they were standing*, and solidly built, would be worth more than two hundred times a thousand farthings, . . . a dovecote which, *if it were not torn down*, as it is, would produce more than two hundred doves a year." Claims to gentility rest on no firmer reality than the power of the indulgences dispensed by the bull-vendor, or the virtue of Lázaro's wife. The theme of the lack of agreement between inner experience

<hr>

not cover both the social and literary connotations of *pícaro*—a traveler through different social fields, which he observes skeptically, ironically, and at times bitterly. Without any social standing, unaffected by love, incapable of any heroic faith, the *pícaro* takes pleasure in showing the nothingness of all things. In some late picaresque novels (such as Quevedo's *Buscón*, 1626) the *pícaro* himself becomes a shadow of his own shadowy world, whose stylistic expression might, after a fashion, be compared to certain aspects of James Joyce's uncommon style.

(feelings, judgments) and the objective world, along with the expression of the consciousness of the difficulty of living in such a world are characteristic aspects of Spanish literature between 1550 and 1700. Calderón's *Life is a Dream* is the best artistic expression of such a state of mind.

The only moments of moral truth and dignified expression in the *Lazarillo* come in the episode of the Squire. The two characters converse without trying to get the best of each other, and Lázaro says that he answered his master's questions "as best I could." He even resigns himself with dignity to go on suffering from hunger: "Sire, take no thought of me, for I know how to pass one night and even more, if necessary, without eating." His charity and loyalty toward the hapless hidalgo know no limit: "This fellow is poor, and no one gives what he does not have; but as for the greedy blind man and the wretched, stingy cleric . . . it is fair to despise them and to pity this one." Nonetheless, Lazarillo would have liked the latter to be less pretentious, "and rather bate his imagined importance a little, as long as his needs continued to increase so much." The character does, in this instance, something unexpected: he changes the course of his behavior. Now his individual life is guided by a free decision, and not by hunger or by a set literary pattern; his life is not chained to a plot superimposed upon it. This autonomy of the literary character is what we call a *novelistic* feature, an indispensable condition for the future novel—a literary form which began in Spain with *La Celestina* and the *Lazarillo* and reached its plenitude with Cervantes' *Don Quijote*.

Underneath the "hidalgo"—as a generic, abstract, social category—we feel the consciousness of a man toiling with the difficulties of being such an "hidalgo." The character is not only a member of a social class—he is presented as an existing person who frees his personality from the colorless abstraction of generic type and renders himself autonomous as a particular individual. His anxiety outlines his individuality.

Though Lazarillo, a Spaniard of the sixteenth century, succumbs to the fascination of nobility (*hidalguía*), there is not in the book a single word of respect for the ecclesiastics: the miserly cleric, the friar of "la Merced," or the archpriest of San Salvador. Many have seen in this the influence of the religious spirit of Erasmus of Rotterdam. But this is an unnecessary conclusion. The author of the *Lazarillo* has not set forth a single idea concerning the value of pure spiritual worship over against the traditional and popular ceremonies of the Church. Anticlericalism does not mean Erasmian thought. Anticlericalism abounds in the literature of the sixteenth century precisely as a by-product of the staunch Catholicism of the Spanish people—just as today criticism of the American government does not imply any intention to overthrow it, or lack of faith in American democracy.

The *Lazarillo* nevertheless is the first literary expression of a feeling consubstantial with the very existence of the Spanish people, especially since the fifteenth century: they were what they were, and at the same time many were not pleased with their way of existing. This feeling should be called anguish—"tragic sense of life," as Unamuno says. The ideal of the romances of chivalry, the glorious enterprises of Spanish arms in Europe and America, and the certainty of eternal bliss did not necessarily mean worldly happiness for all Spaniards. The *Lazarillo* was published just at the time when Charles the Fifth was preparing to confine himself voluntarily within the monastery of Yuste, built to that effect in a deserted country. Thus all human greatness turned into vanity.

It is significant that the anonymous author brings this autobiography to a close with a mention of the occasion when "our victorious Emperor entered this great city of Toledo and held the Cortes here, and there was much rejoicing." That day was long past in 1554, when, as a writer as excellent as he was daring, exposed to the public view a false and illusory picture of Spanish life, on which a fading but still respectable *hidalguía* cast a melancholy light. Positive artistic values emerged, as in other outstanding Spanish creations, from anguish and uncertainty.

In addition to its intrinsic merits, the *Lazarillo de Tormes* is supremely important viewed in its historic perspective. In many ways it made possible the *Quijote*. Among other things it offered, in the intimate opposition of the Squire and his servant, the first outline of the duality-unity of Don Quijote and Sancho.

AMÉRICO CASTRO

Princeton University
Spring, 1948

INTRODUCTION TO
THE REVISED EDITION

THERE APPEARED in 1554 three editions of *La vida de Lazarillo de Tormes y de sus fortunas y adversidades*, a book which marked the triumph of a new literary genre, the picaresque novel, sometimes called the "romance of roguery" or the "epic of hunger." *Lazarillo* is essentially a story of adventure told by a character who must depend on his wits if he would escape starvation. He serves many masters and thus is able to satirize each of the social classes with which he comes in contact.

The picaresque novel is a realistic treatment of the seamy side of life in sixteenth- and seventeenth-century Spain as well as a satire on its society as a whole. In the reign of Charles V, in the first half of the sixteenth century, and in the subsequent reigns of the Philips, parasitism, false pride, and a religion harboring many abuses existed in Spain. Most of the Jews and Moriscos, who were the producers of Spain's wealth, had been expelled; shopkeepers and artisans were regarded with contempt. Proud Spaniards preferred to beg rather than to learn a useful trade, and the well-to-do entered the church, army, law, or governmental service. Retired soldiers, gypsies, criminals, picaroons, and others swelled the ranks of the unemployed. Ruinous taxation, repudiated loans, together with a violent inflation produced by the flow of gold and silver from the new world, precipitated financial chaos. In such an environment as this the picaresque novel flourished.

In the strain of the *Golden Ass* of Apuleius and the *Satyricon* of Petronius Arbiter, Spanish literature began to develop realistic fiction as early as the latter part of the thirteenth century. One of the earliest works containing such elements was the *Caballero Cifar*, written about 1300. A few years later Prince Juan Manuel completed his *Conde Lucanor*, a series of unrelated anecdotes showing these same tendencies. Next appeared Juan Ruiz's *Libro de buen amor*, the first literary work of Spain to show a genuine interest in the lower classes. Nearly a century later the Archpriest of Talavera wrote his *El corbacho*, the fruit of long and close contact with human frailty. Another important forerunner of the picaresque

xiii

novel was the *Tragi-comedia of Calisto y Melibea*, 1499, better known as the *Celestina*, the name of the central figure. Chronologically, the next development in the history of realistic fiction was Francisco Delgado's *La lozana andaluza*, 1528.

Who was the author of the *Lazarillo*? No early edition bears his name. He undoubtedly realized that this book was controversial and that he would be risking trial by the Inquisition if he should sign it, and so preferred to remain anonymous. But, on the other hand, perhaps the work was printed without the knowledge of the author, possibly long after his death; being thus pirated it may have been deliberately issued as anonymous. It has been suggested that the author probably was one of those liberal thinkers of the time who was appalled by the wretched conditions in church and state. Because of its satire on some of the contemporary clerical abuses, the *Lazarillo* enjoyed the dubious distinction of being placed on the first Spanish *Index librorum prohibitorum* in 1559. An expurgated edition was published in Madrid in 1573 with the consent of the Inquisition, but the original version was constantly smuggled into the peninsula from abroad.

An anonymous sequel to the *Lazarillo* appeared at Antwerp in 1555. This continuation deals with Lázaro's adventures among the tunny fish whose leader he becomes. Juan de Luna published a *Segunda parte*, Paris, 1620, which likewise dealt with the tunny fish episode but which also contained many realistic elements. From the sixteenth century on, many translations of *Lazarillo* circulated in French, Dutch, Italian, English, German, and other languages.

During the seventeenth century the picaresque novel reached its highest artistic development. Mateo Alemán published the first part of his *Guzmán de Alfarache* in 1599, and the second part in 1604. Guzmán starts out much like Lázaro, serving various masters; after numerous adventures, Guzmán goes to the galleys as punishment for a crime and there he writes his memoirs. Many critics regard this work as the greatest of all Spanish picaresque novels.

Conceptism first penetrated the picaresque novel with the publication of Francisco López de Úbeda's *La pícara Justina* in 1605.

The greatest contribution of Alonso Jerónimo de Salas Barbadillo to the picaresque novel was *La hija de Celestina*, 1612, which was revised in 1614 with the title *La ingeniosa Elena*.

Cervantes, also, wrote picaresque novels: *El coloquio de los perros* and *Rinconete y Cortadillo*. The former is the account given by one dog to another of his adventures while serving various masters; the latter is a vivid picture of underworld life in Seville.

Vicente Espinel published his *La vida del escudero Marcos de Obregón* in 1618. This work, the source of Lesage's *Gil Blas*, contains many autobiographical details.

Another picaresque novelist, and perhaps the greatest satirist of seventeenth-century Spain, was Francisco de Quevedo y Villegas. His *Vida del Buscón*, 1626, deals with the adventures of one Pablo de Segovia, who, like his predecessors Lazarillo and Guzmán, came from a low social class.

There were numerous other picaresque novels of lesser merit written during the seventeenth century. Some time after 1650, this form of literature began to decline except for sporadic works, of which two appeared in the eighteenth century: Padre Isla's translation of Lesage's *Gil Blas*, and the picaresque memoirs of a professor at Salamanca, Diego de Torres Villarroel. The picaresque influence can be clearly seen in the modern Mexican novel *Pedro Sarniento* by Lizardi, in Pereda's *Pedro Sánchez* and in several novels of Pío Baroja. In the novels of the Argentinian Roberto J. Payró the picaresque influence has made itself felt; more recently, it is found in *La familia de Pascual Duarte* by the Spaniard Camilo José Cela.

Contrary to the opinions of most previous critics, *Lazarillo* contains a definite plan and continuity. There is developed a unity not only within each chapter but also between chapters. Hunger is the dominant motif as the story opens and Lázaro tries to outwit the blind man to secure for himself sufficient food; later, open hostility breaks out between the two and the chapter ends on a climactic note. Lázaro's fortune goes from bad to worse when he enters the service of an avaricious priest. The hunger theme becomes more accentuated and is developed in full detail. With the *escudero*, this theme reaches its climax, and Lázaro now has to feed his master. From this point on the master dominates the action while Lázaro fades into the background.

The climactic treatment of the hunger motif gives an artistic unity to the first three chapters. The last part of the work, then, becomes an anticlimax which is further increased by the irony of the ending. The inferior artistic merit of the last four chapters is the result of the technique evolved in the first three. *Tratado* seven would appear to be a very short one, inconsistent with the artistic nature of the rest of the work. If, however, we accept the thesis that this was originally intended to be only a transitional paragraph, it is readily seen that the latter part of the work is, in its own way, fully as artistic as the first.

Attempts have been made to explain the irresistible appeal of this work by its synthesis of the psychology of sixteenth-century Spain, if not of all time; by the scope of its humanity; by the originality of its dialogue and the rediscovery of the peripatetic servant-hero as a medium for social satire; by the fund of folklore it reflects; by its uncompromising realism and unrestrained humor. All of these things certainly contribute to making the *Lazarillo* one of the outstanding works of all Spanish literature. But there is still another element which has never yet been adequately treated. This is the style which can, however, be discussed here only briefly.

At first sight the language appears unpolished. Loose syntax, clear cases of inexpertness abound; yet underneath this exterior, which was no doubt consciously cultivated, lies much selectivity, balance, and artistry. It is colloquial but adorned with striking metaphors and other figures of speech that stamp it as the work of a mature artist. Especially salient is the fondness of the author for word play; in works devoted to satire on existing social and political conditions word play has a legitimate function to perform.

Both words and phrases lend themselves to a double or multiple interpretation. Equally evident is word play for the sake of euphony. Most of the great classical writers (Shakespeare, Rabelais, Plautus) took delight in the mere sound of words, now inventing phrases, now borrowing local sayings, now adapting proverbs to their own uses, adducing Biblical and classical allusions so expertly that they seem a natural part of the work. By its very nature, word play has its origin in the beginnings of the speech of the individual and as a literary device it is universal. It is a psychological phenomenon of natural and primitive origin, its development depending on the subsequent environment and occupation of the individual. So, the successful use of word play is rather a matter of inspiration than of study. The charm of the well-pointed word play is altogether due to its inherent nature and spontaneous character. Often its full significance, doubtless, is not immediately realized even by the author, arising as it does from a subconscious association of sound and meaning and having nothing of the studied quality.

Leaving, as it does, to the apprehension of the reader its success or failure, word play makes a general appeal in that it flatters by making possible a quick recognition of double meaning. This leads to sympathy between reader and author, a feeling that a common idea occurs to both simultaneously and is not thrust in complete form upon the reader. In unskilled hands it sinks to the level of mere quibble or child's play, or rather never arises above this level. In no sense a product of reason, it is common property, and being the product of instinct and momentary impulse, it is a dangerous enemy to the unwary and injudicious.

In the hands of the author of the *Lazarillo* word play is extremely effective in emphasizing thought. Its success is due to the fact that it is not an end in itself, but is, rather, the result of subtle psychological influence, just as are perhaps the majority of the laws that govern the development of language. The readers' aesthetic sense is irresistibly drawn to the mind that produced it.

The reader is likewise captivated by the depiction of Lázaro's character. The latter is not despicable and his offenses are less criminal than amusing and, consequently, we are neither made indignant by his pranks and frauds nor inclined to condemn his lawlessness. Our sympathy goes out to him in his misery and our philosophical interest becomes absorbed in the analysis of his character. The complete identity of the protagonist with his environment and the vividness of the author's style lends to the whole an air of undeniable sincerity.

E. W. H.
H. F. W.

PREFACE

THIS EDITION of *Lazarillo de Tormes* is intended to fill the need for an annotated text of this masterpiece of Spanish literature. The editors have followed Foulché-Delbosc's restoration of the *editio princeps,* which is based on the three redactions of 1554. The Alcalá interpolations, however, have been omitted.

No changes have been made in the text except those listed below and the modernization of orthography and punctuation. Orthography has been made to conform to the modern rules of the Spanish Academy: r (rr); i (y); y (i); u (v); v (u); c (z); s (ss); l (ll); b (v); v (b); z (ç); cu (qu); j (x); f (ff); x (s); n (nn); t (th); f (ph); c (ch); g (j).

The following words have one or more variants in the basic text, and the one most nearly approximating the modern spelling has been retained: arcipreste (archipreste); así (ansí, ansy, assy, assí); casi (quasi); duda (dubda); durar (turar); escribir (escrebir, escrevir); espíritu (spíritu); falda (halda); fingiendo (fingendo); fruto (fructo); golilla (gulilla); hasta (fasta); hicimos (hicemos); mismo (mesmo, meismo); mitad (meitad, meytad); muchacho (mochacho); pobrete (pobreto); prisa (prissa, priesa, priessa); propio (proprio); San (Sanct, Sant); sutil (sotil); tratado (tractado); ve (vee); ven (veen); veía (vía). All words now spelled with an *h* are so transcribed: hay (ay); hoy (oy); and vice versa: aceña (haceña). The assimilated form of *ll* has been transcribed as rl (both forms occur in the original).

A number of archaic forms have been retained for various reasons: adestrar, adrede, agora, allende, aquesto, atapar, atentar, atrás que, castigaldo, comigo, debría, dél, della, dello, dende, dentre, de que, deso, deste, desto, de yuso, do, estotro, hariadeis, quel qués, remediasedes, so, ternía, trujo.

The present editors have freely consulted previous editions of the *Lazarillo* and the articles on it in the preparation of the text. A special debt of gratitude is due Professors E. Herman Hespelt of New York University, Gregory G. LaGrone of the University of Texas, and J. Homer Herriott of the University of Wisconsin for reading the manuscript and offering valuable suggestions.

E.W.H.
H.F.W.

CONTENTS

Lazarillo de Tormes

PRÓLOGO

YO por bien tengo que cosas tan señaladas, y por ventura nunca
oídas ni vistas, vengan a noticia de muchos, y no se entierren
en la sepultura del olvido; pues podría ser que alguno que las lea
halle algo que le agrade y, a los que no ahondaren tanto, los deleite.

Y a este propósito dice Plinio que no hay libro, por malo que sea,
que no tenga alguna cosa buena. Mayormente, que los gustos no
son todos unos; mas lo que uno no come, otro se pierde por ello.
Y así vemos cosas tenidas en poco de algunos, que de otros no lo
son. Y esto, para que ninguna cosa se debría romper, ni echar á mal,
si muy detestable no fuese; sino que a todos se comunicase, mayor-   10
mente siendo sin perjuicio y pudiendo sacar della algún fruto.

Porque si así no fuese, muy pocos escribirían para uno solo, pues
no se hace sin trabajo. Y quieren, ya que lo pasan, ser recom-
pensados, no con dineros, mas con que vean y lean sus obras, y si
hay de qué, se las alaben. Y a este propósito dice Tulio: "La honra   15
cría las artes."

¿Quién piensa que el soldado que es primero del escala tiene
más aborrecido el vivir? No por cierto; mas el deseo de alabanza le
hace ponerse al peligro. Y así en las artes y letras es lo mismo.
Predica muy bien el presentado, y es hombre que desea mucho el   20
provecho de las ánimas; mas pregunten a su merced si le pesa
cuando le dicen: "¡O qué maravillosamente lo ha hecho vuestra
reverencia!" Justó muy ruinmente el señor don Fulano, y dió el
sayete de armas al truhán, porque le loaba de haber llevado muy
buenas lanzas. ¿Qué hiciera si fuera verdad?   25

---

1. Yo ... tengo: *I consider it fitting.*
4. ahondaren. Future subjunctive. Translate as present tense.
5. Plinio. Epistles 5, Book 3.   **por ... sea:** *however bad it may be.*
9. debría = *debería.*
10. si ... fuese: *unless it be very detestable.*
12–13. pues ... trabajo: *since one does not write without effort.*
13. ya ... pasan: *when they have been through it.*
14–15. si ... qué: *if there be any cause.*
15. Tulio. *Tusculan Disputations,* I, 2.
17. del escala: *on the ladder.*
24–25. de haber ... lanzas: *for having handled lances very well.*
25. hiciera: *would do.* The imperfect subjunctive (*–ra form*) is often substituted for the conditional.

3

Y todo va desta manera: que confesando yo no ser más santo que mis vecinos, desta nonada (que en este grosero estilo escribo), no me pesará que hayan parte y se huelguen con ello todos los que en ella algún gusto hallaren, y vean que vive un hombre con tantas
5 fortunas, peligros y adversidades.

Suplico a vuestra merced reciba el pobre servicio de mano de quien lo hiciera más rico, si su poder y deseo se conformaran. Y pues vuestra merced escribe se le escriba y relate el caso muy por extenso, parecióme no tomarle por el medio, sino del principio,
10 porque se tenga entera noticia de mi persona, y también porque consideren los que heredaron nobles estados cuán poco se les debe, pues fortuna fué con ellos parcial, y cuánto más hicieron los que, siéndoles contraria, con fuerza y maña remando, salieron a buen puerto.

1. **que . . . ser:** *since I confess that I am not.*
6. **reciba** = *que reciba.* There are numerous omissions of *que* throughout this book. Watch for them.
7. **hiciera:** *had made.* The imperfect subjunctive is sometimes substituted for the pluperfect.
9. **parecióme . . . principio:** *it seemed best to me not to begin at the middle, but at the beginning.*
10. **porque** = *para que. Porque* followed by the subjunctive is equivalent to *para que.*
13–14. **siéndoles . . . puerto:** *although it [fortune] was not in their favor, reached a safe port by dint of rowing hard and skilfully.*

don't know who is,
~~but was~~
but prob. a guy from the church

su vida es ejemplo que otros puedan seguir

4

TRATADO PRIMERO

Cuenta Lázaro su vida, y cuyo hijo fué

PUES, sepa vuestra merced ante todas cosas que a mí llaman Lázaro de Tormes, hijo de Tomé González y de Antoña Pérez, naturales de Tejares, aldea de Salamanca. Mi nacimiento fué dentro del río Tormes, por la cual causa tomé el sobrenombre, y fué desta manera. Mi padre (que Dios perdone) tenía cargo de proveer una 5 molienda de una aceña, que está ribera de aquel río, en la cual fué molinero más de quince años. Y estando mi madre una noche en la aceña, preñada de mí, tomóle el parto y parióme allí. De manera que con verdad me puedo decir nacido en el río.

Pues siendo yo niño de ocho años, achacaron a mi padre ciertas 10 sangrías mal hechas en los costales de los que allí a moler venían, por lo cual fué preso, y confesó, y no negó, y padeció persecución por justicia. Espero en Dios que está en la gloria, pues el Evangelio los llama bienaventurados. En este tiempo se hizo cierta armada contra moros, entre los cuales fué mi padre, que a la sazón estaba 15 desterrado por el desastre ya dicho, con cargo de acemilero de un caballero que allá fué. Y con su señor, como leal criado, feneció su vida.

Mi viuda madre, como sin marido y sin abrigo se viese, determinó arrimarse a los buenos por ser uno dellos, y vínose a vivir a 20 la ciudad, y alquiló una casilla, y metióse a guisar de comer a ciertos estudiantes, y lavaba la ropa a ciertos mozos de caballos del Comendador de la Magdalena, de manera que fué frecuentando las caballerizas. Ella y un hombre moreno, de aquellos que las bestias

---

3. fué: *took place.*
5. que Dios perdone: *may he rest in peace.*
8. tomóle el parto: *birth pangs seized her.*
9. me ... nacido: *I can say that I was born.*
12–13. confesó ... negó. Cf. John 1:20. **y padeció ... justicia:** *and he suffered persecution for righteousness' sake.* Cf. Matthew 5:10.
14. los = *los que padecen persecución por justicia.*
20. los buenos: *worthy people.* **Arrimarse ... buenos** is a proverb.
21. guisar de comer: *to do the cooking.*
22–23. Comendador de la Magdalena. Comendador, a member of a religious or military order; La Magdalena, a Salamancan parish.

curaban, vinieron en conocimiento. Éste algunas veces se venía a nuestra casa, y se iba a la mañana. Otras veces de día llegaba a la puerta, en achaque de comprar huevos, y entrábase en casa.

5 Yo, al principio de su entrada, pesábame con él y habíale miedo, viendo el color y mal gesto que tenía. Mas de que vi que con su venida mejoraba el comer, fuíle queriendo bien, porque siempre traía pan, pedazos de carne, y en el invierno leños, a que nos calentábamos.

10 De manera que continuando la posada y conversación, mi madre vino a darme un negrito muy bonito, el cual yo brincaba y ayudaba a calentar.

Y acuérdome que estando el negro de mi padrastro trebejando con el mozuelo, como el niño veía a mi madre y a mí blancos, y a él no, huía dél con miedo para mi madre y, señalando con el 15 dedo, decía: "¡Madre, coco!" Respondió él riendo: "¡Hideputa!"

Yo, aunque bien muchacho, noté aquella palabra de mi hermanico, y dije entre mí: "¡Cuántos debe de haber en el mundo que huyen de otros, porque no se ven a sí mismos!"

Quiso nuestra fortuna que la conversación del Zaide, que así se 20 llamaba, llegó a oídos del mayordomo y, hecha pesquisa, hallóse que la mitad por medio de la cebada, que para las bestias le daban, hurtaba; y salvados, leña, almohazas, mandiles, y las mantas y sábanas de los caballos hacía perdidas. Y cuando otra cosa no tenía, las bestias desherraba, y con todo esto acudía a mi madre para criar 25 a mi hermanico.

No nos maravillemos de un clérigo, ni de un fraile, porque el uno hurta de los pobres, y el otro de casa para sus devotas, y para ayuda de otro tanto, cuando a un pobre esclavo el amor le animaba a esto.

30 Y probósele cuanto digo, y aun más. Porque a mí con amenazas me preguntaban, y como niño respondía, y descubría cuanto sabía

1. **vinieron en conocimiento:** *became acquainted.*
4. **yo . . . él:** *when he first came, I disliked him.*
6. **fuíle . . . bien:** *I began to like him well.*
10. **vino a darme:** *finally gave me.*
12. **el negro . . . padrastro:** *my luckless, colored stepfather.*
17. **Cuántos debe de haber:** *How many [people] there must be.* For the singular form of *deber* cf. the verb *hay.*
20. **hecha pesquisa:** *when an examination had been made.*
21. **mitad . . . cebada:** *about half of the barley.*
23. **hacía perdidas:** *he pretended they were lost.*
28. **otro tanto:** *companion.* Literally, *another such [clérigo].*

6

con miedo, hasta ciertas herraduras que por mandado de mi madre a un herrero vendí.

Al triste de mi padrastro azotaron y pringaron, y a mi madre pusieron pena por justicia, sobre el acostumbrado centenario, que en casa del sobredicho Commendador no entrase, ni al lastimado 5 Zaide en la suya acogiese.

Por no echar la soga tras el caldero, la triste se esforzó y cumplió la sentencia. Y por evitar peligro y quitarse de malas lenguas, se fué a servir a los que al presente vivían en el mesón de la Solana. Y allí, padeciendo mil importunidades, se acabó de criar 10 mi hermanico hasta que supo andar, y a mí hasta ser buen mozuelo, que iba a los huéspedes por vino y candelas, y por lo demás que me mandaban.

En este tiempo vino a posar al mesón un ciego, el cual, pareciéndole que yo sería para adestrarle, me pidió a mi madre, y ella 15 me encomendó a él, diciéndole como era hijo de un buen hombre, el cual por ensalzar la fe había muerto en la de los Gelves, y que ella confiaba en Dios no saldría peor hombre que mi padre, y que le rogaba me tratase bien y mirase por mí, pues era huérfano. El respondió que así lo haría, y que me recibía no por mozo sino por 20 hijo. Y así le comencé a servir y adestrar a mi nuevo y viejo amo.

Como estuvimos en Salamanca algunos días, pareciéndole a mi amo que no era la ganancia a su contento, determinó irse de allí. Y cuando nos hubimos de partir, yo fuí a ver a mi madre y, ambos llorando, me dió su bendición y dijo: 25

—Hijo, ya sé que no te veré más. Procura de ser bueno, y Dios te guíe. Criado te he y con buen amo te he puesto; válete por ti.

Y así me fuí para mi amo, que esperándome estaba.

3. Al . . . padrastro: *My poor stepfather.*
4. pusieron . . . centenario: *they imposed the penalty for justice' sake, in addition to the usual hundred [lashes].*
7. Por . . . caldero: *Not to throw the rope after the bucket.* Proverb equivalent to the expression *not to make matters worse.*
8–9. quitarse . . . lenguas: *to escape gossip.*
10–11. se . . . andar: *she managed to bring up my little brother to the point where he knew how to walk.* Literally, *my little brother was finally brought up . . .*
12. a los huéspedes: *for the guests.* por lo demás que: *whatever else.*
15. sería. Supply *suitable.*
17. en la. Supply *battle.* Gelves. An island off the coast of Tunis where a Spanish military expedition was sent in 1510.
21. mi . . . amo: *my newly acquired old master.*
27. Criado te he = *te he criado.* Other instances of this word order will not be commented upon.

Salimos de Salamanca y, llegando a la puente, está a la entrada della un animal de piedra, que casi tiene forma de toro, y el ciego mandóme que llegase cerca del animal. Y allí puesto, me dijo:

—Lázaro, llega el oído a este toro, y oirás gran ruido dentro dél.

5 Yo simplemente llegué, creyendo ser así. Y como sintió que tenía la cabeza par de la piedra, afirmó recio la mano y dióme una gran calabazada en el diablo del toro, que más de tres días me duró el dolor de la cornada, y díjome:

—Necio, aprende que el mozo del ciego un punto ha de saber más 10 que el diablo.

Y rió mucho la burla.

Parecióme que en aquel instante desperté de la simpleza en que como niño dormido estaba. Dije entre mí: "Verdad dice éste, que me cumple avivar el ojo y avisar, pues solo soy, y pensar cómo me 15 sepa valer."

Comenzamos nuestro camino, y en muy pocos días me mostró jerigonza y, como me viese de buen ingenio, holgábase mucho, y decía:

—Yo oro ni plata no te lo puedo dar, mas avisos, para vivir, 20 muchos te mostraré. Y fué así; que después de Dios, éste me dió la vida, y, siendo ciego, me alumbró y adestró en la carrera de vivir.

Huelgo de contar a vuestra merced estas niñerías, para mostrar cuánta virtud sea saber los hombres subir siendo bajos, y dejarse bajar siendo altos cuánto vicio.

25 Pues, tornando al bueno de mi ciego y contando sus cosas, vuestra merced sepa que, desde que Dios crió el mundo, ninguno formó más astuto ni sagaz. En su oficio era un águila. Ciento y tantas oraciones sabía de coro. Un tono bajo, reposado y muy sonable, que hacía resonar la iglesia donde rezaba, un rostro humilde y devoto 30 que con muy buen continente ponía cuando rezaba, sin hacer gestos ni visajes con boca ni ojos, como otros suelen hacer.

---

1. está. Subject of *un animal de piedra*. Translate: *there is.*

6–7. dióme . . . toro: *he gave my head a great blow against the devilish bull.*

13. Verdad dice éste: *This fellow is right.*

19. oro ni plata. Cf. Acts 3:6.

22–24. para . . . vicio: *in order to show how much virtue there is in men's knowing how to rise when they are low* [i.e., of the lower classes], *and how much vice in their letting themselves lower when they are high.*

25. tornando . . . ciego: *to get back to my good blind man.*

28. Un tono . . . The verb is omitted by the author in keeping with the conversational style of the work.

Allende desto, tenía otras mil formas y maneras para sacar el dinero. Decía saber oraciones para muchos y diversos efectos: para mujeres que no parían, para las que estaban de parto, para las que eran mal casadas que sus maridos las quisiesen bien. Echaba pronósticos a las preñadas, si traían hijo o hija. Pues en caso de medicina, decía que Galeno no supo la mitad que él para muelas, desmayos, males de madre. Finalmente, nadie le decía padecer alguna pasión, que luego no le decía: "Haced esto, haréis estotro, coged tal hierba, tomad tal raíz." 5

Con esto andábase todo el mundo tras él, especialmente mujeres, que cuanto les decía creían. Destas sacaba él grandes provechos con las artes que digo, y ganaba más en un mes que cien ciegos en un año. 10

Mas también quiero que sepa vuestra merced que, con todo lo que adquiría y tenía, jamás tan avariento ni mezquino hombre no vi, tanto que me mataba a mí de hambre, y así no me demediaba de lo necesario. Digo verdad: si con mi sutileza y buenas mañas no me supiera remediar, muchas veces me finara de hambre. Mas con todo su saber y aviso le contraminaba de tal suerte que siempre, o las más veces, me cabía lo más y mejor. Para esto le hacía burlas endiabladas, de las cuales contaré algunas, aunque no todas a mi salvo. 15 20

Él traía el pan y todas las otras cosas en un fardel de lienzo que por la boca se cerraba con una argolla de hierro y su candado y llave; y al meter de las cosas y sacarlas, era con tanta vigilancia y tan por contadero que no bastara todo el mundo hacerle menos una migaja. Mas yo tomaba aquella laceria que él me daba, la cual en menos de dos bocados era despachada. 25

Después que cerraba el candado y se descuidaba, pensando que yo estaba entendiendo en otras cosas, por un poco de costura, que muchas veces del un lado del fardel descosía y tornaba a coser, sangraba el avariento fardel, sacando no por tasa pan, mas buenos 30

---

2. **Decía saber:** *He said that he knew.*
6–7. **Galeno . . . madre:** *Galen did not know the half of what he knew about molars, faintings, and female ills.* On Galeno see the vocabulary.
7–8. **nadie . . . pasión:** *nobody told him he was suffering any illness.*
11–12. **con . . . digo:** *with the devices which I have mentioned.*
15. **no.** Redundant; do not translate.
18. **me finara de hambre:** *I should have died of hunger.*
26. **todo el mundo.** Translate literally: *the whole world.*
31. **del un lado** = *de un lado.*
32. **sacando . . . pan:** *taking out bread, not measured quantities.*

pedazos, torreznos y longaniza. Y así buscaba conveniente tiempo para rehacer, no la chaza, sino la endiablada falta que el mal ciego me faltaba.

Todo lo que podía sisar y hurtar, traía en medias blancas. Y cuando le mandaban rezar y le daban blancas, como él carecía de vista, no había el que se la daba amagado con ella, cuando yo la tenía lanzada en la boca y la media aparejada; que por presto que él echaba la mano, ya iba de mi cambio aniquilada en la mitad del justo precio. Quejábaseme el mal ciego, porque al tiento luego conocía y sentía que no era blanca entera, y decía:

—¿Qué diablo es esto, que, después que comigo estás, no me dan sino medias blancas, y de antes una blanca, y un maravedí, hartas veces, me pagaban? En ti debe estar esta desdicha.

También él abreviaba el rezar, y la mitad de la oración no acababa, porque me tenía mandado que, en yéndose el que la mandaba rezar, le tirase por cabo del capuz. Yo así lo hacía. Luego él tornaba a dar voces, diciendo: "¿Mandan rezar tal y tal oración?" como suelen decir.

Usaba poner cabe sí un jarrillo de vino cuando comíamos. Yo muy de presto le asía y daba un par de besos callados y tornábale a su lugar. Mas durome poco, que en los tragos conocía la falta y, por reservar su vino a salvo, nunca después desamparaba el jarro, antes lo tenía por el asa asido. Mas no había piedra imán que así trajese a sí como yo con una paja larga de centeno que para aquel menester tenía hecha. La cual, metiéndola en la boca del jarro, chupando el vino lo dejaba a buenas noches. Mas, como fuese el traidor tan astuto, pienso que me sintió. Y dende en adelante mudó propósito, y asentaba su jarro entre las piernas, y atapábale con la mano, y así bebía seguro.

Yo, como estaba hecho al vino, moría por él. Y viendo que aquel

2–3. rehacer . . . faltaba: *to make good not the point but the devilish want which the wicked blind man caused me to suffer.*
6. no había . . . cuando: *it was no sooner proffered than.*
7–9. que por . . . precio: *so that however soon he held out his hand, his remuneration was already reduced by my money changing to half its real value.*
15–16. me . . . rezar: *he had ordered me that when the person went away who had ordered him to pray.*
17–18. ¿Mandan . . . oración?: *Who would like to have me say such and such a prayer?*
22. reservar . . . salvo: *to keep his wine safe.*
26. chupando . . . noches: *I would suck up the wine to a fare-ye-well.*
30. Yo . . . hecho: *As I was accustomed.*

remedio de la paja no me aprovechaba ni valía, acordé en el suelo del jarro hacerle una fuentecilla y agujero sutil, y delicadamente con una muy delgada tortilla de cera a ataparlo. Y al tiempo de comer, fingiendo haber frío, entrábame entre las piernas del triste ciego a calentarme en la pobrecilla lumbre que teníamos, y al calor 5
della luego derretida la cera, por ser muy poca, comenzaba la fuentecilla a destilarme en la boca, la cual yo de tal manera ponía que maldita la gota se perdía. Cuando el pobreto iba a beber, no hallaba nada. Espantábase, maldecíase, daba al diablo el jarro y el vino, no sabiendo qué podía ser. 10

—No diréis, tío, que os lo bebo yo,—decía—pues no le quitáis de la mano.

Tantas vueltas y tientos dió al jarro que halló la fuente y cayó en la burla; mas así lo disimuló como si no lo hubiera sentido.

Y luego otro día, teniendo yo rezumando mi jarro como solía, no 15
pensando el daño que me estaba aparejado, ni que el mal ciego me sentía, sentéme como solía, estando recibiendo aquellos dulces tragos, mi cara puesta hacia el cielo, un poco cerrados los ojos por mejor gustar el sabroso licor. Sintió el desesperado ciego que agora tenía tiempo de tomar de mí venganza y, con toda su fuerza, al- 20
zando con dos manos aquel dulce y amargo jarro, le dejó caer sobre mi boca, ayudándose (como digo) con todo su poder, de manera que el pobre Lázaro, que de nada desto se guardaba, antes, como otras veces, estaba descuidado y gozoso, verdaderamente me pareció que el cielo, con todo lo que en él hay, me había caído 25
encima. Fué tal el golpecillo que me desatinó y sacó de sentido, y el jarrazo tan grande que los pedazos dél se me metieron por la cara, rompiéndomela por muchas partes, y me quebró los dientes sin los cuales hasta hoy día me quedé.

Desde aquella hora quise mal al mal ciego y, aunque me quería 30
y regalaba y me curaba, bien vi que se había holgado del cruel

8. maldita . . . perdía: *not a blessed drop was lost.*
11. No diréis . . . yo: *Don't you say, uncle, that I am the one who has been drinking it.*
18. mi cara . . . cielo: *my head back.*
21. dulce y amargo jarro. The contents of the jar are sweet, and the blow from the jar (mentioned just afterward) is bitter.
23. que de . . . guardaba: *who was expecting none of this.*
26. Fué tal . . . sentido: *The gentle little blow was such that it dazed me and knocked me senseless.* The diminutive ending of *golpecillo* here produces an ironical effect.
27–28. se me . . . cara: *got into my face.*

castigo. Lavóme con vino las roturas, que con los pedazos del jarro me había hecho, y sonriéndose decía:

—¿Qué te parece, Lázaro? Lo que te enfermó te sana y da salud—, y otros donaires que a mi gusto no lo eran.

5 Ya que estuve medio bueno de mi negra trepa y cardenales, considerando que a pocos golpes tales el cruel ciego ahorraría de mí, quise yo ahorrar dél; mas no lo hice tan presto por hacerlo más a mi salvo y provecho. Aunque yo quisiera asentar mi corazón y perdonarle el jarrazo, no daba lugar el mal tratamiento, que el mal
10 ciego desde allí adelante me hacía, que sin causa ni razón me hería, dándome coscorrones y repelándome. Y si alguno le decía por qué me trataba tan mal, luego contaba el cuento del jarro, diciendo:

—¿Pensaréis que este mi mozo es algún inocente? Pues oíd si el demonio ensayara otra tal hazaña.

15 Santiguándose los que lo oían, decían:

—Mira, ¿quién pensara de un muchacho tan pequeño tal ruindad!

Y reían mucho el artificio, y decíanle:

—Castigaldo, castigaldo, que de Dios lo habréis.

Y él con aquello nunca otra cosa hacía.

20 Y en esto yo siempre le llevaba por los peores caminos, y adrede, por le hacer mal y daño. Si había piedras, por ellas; si lodo, por lo más alto; que, aunque yo no iba por lo más enjuto, holgábame a mí de quebrar un ojo por quebrar dos al que ninguno tenía. Con esto siempre con el cabo alto del tiento me atentaba el colodrillo, el
25 cual siempre traía lleno de tolondrones y pelado de sus manos. Y aunque yo juraba no lo hacer con malicia, sino por no hallar mejor camino, no me aprovechaba, ni me creía más: tal era el sentido y el grandísimo entendimiento del traidor.

Y porque vea vuestra merced a cuánto se extendía el ingenio
30 deste astuto ciego, contaré un caso de muchos, que con él me acaecieron, en el cual me parece dió bien a entender su gran astucia. Cuando salimos de Salamanca, su motivo fué venir a tierra de

5. **Ya que ... de:** *After I was half recovered from.*
13. **Pensaréis.** Future of probability; translate: *I wonder if you think.*
18. **Castigaldo** = *castigadlo.* **que ... habréis:** *for you will get your reward from Heaven.*
21. **le hacer** = *hacerle.*
22–23. **holgábame ... tenía.** An allusion to a medieval tale: the devil appeared to a certain envious man and offered to grant him any wish he might make, provided that a neighbor of his should receive double the amount of whatever he himself obtained. The envious man immediately asked to have one of his eyes put out.

Toledo, porque decía ser la gente más rica, aunque no muy limosnera. Arrimábase a este refrán: "Más da el duro que el desnudo." Y venimos a este camino por los mejores lugares. Donde hallaba buena acogida y ganancia, deteníamonos; donde no, a tercero día hacíamos San Juan.

Acaeció que llegando a un lugar, que llaman Almorox, al tiempo que cogían las uvas, un vendimiador le dió un racimo dellas en limosna. Y como suelen ir los cestos maltratados, y también porque la uva en aquel tiempo está muy madura, desgranábasele el racimo en la mano. Para echarlo en el fardel tornábase mosto, y lo que a él se llegaba. Acordó de hacer un banquete, así por no lo poder llevar como por contentarme, que aquel día me había dado muchos rodillazos y golpes. Sentámonos en un valladar, y dijo:

—Agora quiero yo usar contigo de una liberalidad, y es que ambos comamos este racimo de uvas, y que hayas dél tanta parte como yo. Partirlo hemos desta manera: tú picarás una vez y yo otra, con tal que me prometas no tomar cada vez más de una uva. Yo haré lo mismo hasta que lo acabemos, y desta suerte no habrá engaño.

Hecho así el concierto, comenzamos. Mas luego al segundo lance el traidor mudó propósito, y comenzó a tomar de dos en dos, considerando que yo debría hacer lo mismo. Como vi que él quebraba la postura, no me contenté ir a la par con él, mas aun pasaba adelante: dos a dos, y tres a tres, y como podía, las comía. Acabado el racimo, estuvo un poco con el escobajo en la mano y, meneando la cabeza, dijo:

—Lázaro, engañado me has. Juraré yo a Dios que has tú comido las uvas tres a tres.

—No comí; —dije yo—mas ¿por qué sospecháis eso?

Respondió el sagacísimo ciego:

—¿Sabes en qué veo que las comiste tres a tres? En que comía yo dos a dos, y callabas.

1. decía ... rica: *he said the people were richer.*
4. tercero. The full forms of such adjectives and the apocopated forms are both found in this text before a masculine singular noun.
5. hacíamos San Juan: *we would move away.* St John's Day (June 24) is the Spanish moving day.
10–11. Para ... llegaba: *If put into the sack, it would turn to must, and whatever it came in contact with.*
11–12. así ... contentarme: *not only because he could not carry it, but also because [he wished] to please me.*
16. Partirlo hemos. Split future. *We shall divide it.*
21. debría = *debería.*　23. como: *as fast as.*

13

Reíme entre mí y, aunque muchacho, noté mucho la discreta consideración del ciego.

Mas, por no ser prolijo, dejo de contar muchas cosas, así graciosas como de notar, que con este mi primer amo me acaecieron; y quiero 5 decir el despidiente y con él acabar.

Estábamos en Escalona, villa del duque della, en un mesón, y dióme un pedazo de longaniza que le asase. Ya que la longaniza había pringado y comídose las pringadas, sacó un maravedí de la bolsa y mandó que fuese por él de vino a la taberna. Púsome el 10 demonio el aparejo delante los ojos, el cual (como suelen decir) hace al ladrón, y fué que había cabe el fuego un nabo pequeño, larguillo y ruinoso, y tal que, por no ser para la olla, debió ser echado allí.

Y como al presente nadie estuviese sino él y yo solos, como me vi 15 con apetito goloso, habiéndome puesto dentro el sabroso olor de la longaniza, del cual solamente sabía que había de gozar, no mirando qué me podría suceder, pospuesto todo el temor por cumplir con el deseo, en tanto que el ciego sacaba de la bolsa el dinero, saqué la longaniza, y muy presto metí el sobredicho nabo en el asador. El 20 cual mi amo, dándome el dinero para el vino, tomó y comenzó a dar vueltas al fuego, queriendo asar al que de ser cocido por sus deméritos había escapado.

Yo fuí por el vino, con el cual no tardé en despachar la longaniza. Y cuando vine, hallé al pecador del ciego que tenía entre dos 25 rebanadas apretado el nabo, al cual aun no había conocido por no lo haber tentado con la mano. Como tomase las rebanadas y mordiese en ellas, pensando también llevar parte de la longaniza, hallóse en frío con el frío nabo, alteróse y dijo:

—¿Qué es esto, Lazarillo?

30 —¡Lacerado de mí!—dije yo—¿Si queréis a mí echar algo? ¿Yo no vengo de traer el vino? Alguno estaba ahí, y por burlar haría esto.

3–4. así . . . notar: *both funny and worthy of note.*
8. comídose = *se había comido.*
9. fuese por él de vino: *I should go for [that much worth] of wine.* (él = *el maravedí*).
15–16. habiéndome . . . longaniza: *when the savory odor of the sausage had penetrated me.*
28. hallóse . . . nabo: *he found that he had received a cold deal in the form of the cold turnip.*
30. Lacerado. . . algo: *Wretched me, I said, I wonder if you wish to blame me for something.*

—No, no,—dijo él—que yo no he dejado el asador de la mano; no es posible.

Yo torné a jurar y perjurar que estaba libre de aquel trueco y cambio; mas poco me aprovechó, pues a las astucias del maldito ciego nada se le escondía. Levantóse y asióme por la cabeza y lle- 5 góse a olerme. Y como debió sentir el huelgo, a uso de buen podenco, por mejor satisfacerse de la verdad y, con la gran agonía que llevaba, asiéndome con las manos, abríame la boca más de su derecho y desatentadamente metía la nariz. La cual él tenía luenga y afilada, y a aquella sazón con el enojo se había aumentado un 10 palmo. Con el pico de la cual me llegó a la golilla. Con esto y con el gran miedo que tenía, y con la brevedad del tiempo, la negra longaniza aun no había hecho asiento en el estómago y, lo más principal, con el destiento de la cumplidísima nariz, medio casi ahogándome, todas estas cosas se juntaron y fueron causa que el hecho y 15 golosina se manifestase y lo suyo fuese vuelto a su dueño. De manera que antes que el mal ciego sacase de mi boca su trompa, tal alteración sintió mi estómago que le dió con el hurto en ella, de suerte que su nariz y la negra mal mascada longaniza a un tiempo salieron de mi boca. 20

¡O gran Dios! ¡quién estuviera a aquella hora sepultado! que muerto ya lo estaba. Fué tal el coraje del perverso ciego que, si al ruido no acudieran, pienso no me dejara con la vida. Sacáronme dentre sus manos, dejándoselas llenas de aquellos pocos cabellos que tenía, arañada la cara y rascuñado el pescuezo y la garganta. 25 Y esto bien lo merecía, pues por su maldad me venían tantas persecuciones. Contaba el mal ciego a todos cuantos allí se llegaban mis desastres, y dábales cuenta una y otra vez, así de la del jarro como de la del racimo, y agora de lo presente.

Era la risa de todos tan grande que toda la gente, que por la 30 calle pasaba, entraba a ver la fiesta. Mas con tanta gracia y donaire

1. he . . . mano: *the spit has not been out of my hand.*
8–9. más de su derecho: *more than it ought to go.*
15–16. todas . . . dueño: *all these things combined and caused the exposure of my exploit and gluttony and the return to the owner of what was his.*
21. quién . . . hora: *would that I had been at that moment.*
23. acudieran, dejara. Translate *acudieran* as pluperfect and *dejara* as conditional perfect.
26. su. Refers to *pescuezo y garganta.*
28. la. Supply *incident* after *la.*
29. Supply *incident* after *la* and *lo.*

15

contaba el ciego mis hazañas que, aunque yo estaba tan maltratado y llorando, me parecía que hacía injusticia en no se las reír.

Y en cuanto esto pasaba, a la memoria me vino una cobardía y flojedad que hice por qué me maldecía. Y fué no dejarle sin narices, pues tan buen tiempo tuve para ello que la mitad del camino estaba andado. Que con sólo apretar los dientes se me quedaran en casa y, con ser de aquel malvado, por ventura lo retuviera mejor mi estómago que retuvo la longaniza y, no pareciendo ellas, pudiera negar la demanda. Pluguiera a Dios que lo hubiera hecho, que eso fuera así que así.

Hiciéronnos amigos la mesonera y los que allí estaban y, con el vino, que para beber le había traído, laváronme la cara y la garganta. Sobre lo cual discantaba el mal ciego donaires, diciendo:

—Por verdad, más vino me gasta este mozo en lavatorios al cabo de año que yo bebo en dos. A lo menos, Lázaro, eres en más cargo al vino que a tu padre; porque él una vez te engendró, mas el vino mil te ha dado la vida.

Y luego contaba cuántas veces me había descalabrado y arpado la cara, y con vino luego sanaba.

—Yo te digo—dijo—que, si hombre en el mundo ha de ser bienaventurado con vino, que serás tú.

Y reían mucho los que me lavaban con esto, aunque yo renegaba.

Mas el pronóstico del ciego no salió mentiroso, y después acá muchas veces me acuerdo de aquel hombre, que sin duda debía tener espíritu de profecía, y me pesa de los sinsabores que le hice, aunque bien se lo pagué, considerando lo que aquel día me dijo salirme tan verdadero como adelante vuestra merced oirá.

Visto esto y las malas burlas que el ciego burlaba de mí, determiné de todo en todo dejarle y, como lo traía pensado y lo tenía

4. por qué: *wherefore.* **Y fué no dejarle sin narices.** *No* and *sin* are equivalent to a positive; translate: *my leaving him with a nose;* literally, *not to leave him without a nose.*

5–6. mitad . . . andado: *half of the job was already done.*

6–7. se me quedaran en casa: *it [narices] would have remained in my mouth* (literally, *house*).

8–9. ellas refers to *narices* above. **pudiera negar la demanda** is a conventional legal phrase.

9–10. eso . . . que así: *that would have been a pretty good idea.*

17. mil = *mil veces.*

20–21. si . . . tú: *if any man in the world is probably blessed with wine, it must be you.*

29. lo traía pensado: *it was on my mind.*

en voluntad, con este postrer juego que me hizo, afirmélo más. Y fué así, que luego otro día salimos por la villa a pedir limosna. Y había llovido mucho la noche antes; y porque el día también llovía, y andaba rezando debajo de unos portales, que en aquel pueblo había, donde no nos mojamos. Mas como la noche se venía, 5 y el llover no cesaba, díjome el ciego:

—Lázaro, esta agua es muy porfiada, y cuanto la noche más cierra, más recia. Acojámonos a la posada con tiempo.

Para ir allá, habíamos de pasar un arroyo que, con la mucha agua, iba grande. Yo le dije: 10

—Tío, el arroyo va muy ancho; mas, si queréis, yo veo por donde travesemos más aína sin nos mojar, porque se estrecha allí mucho, y saltando pasaremos a pie enjuto.

Parecióle buen consejo, y dijo:

—Discreto eres, por esto te quiero bien. Llévame a ese lugar 15 donde el arroyo se ensangosta, que agora es invierno y sabe mal el agua, y más llevar los pies mojados.

Yo que vi el aparejo a mi deseo, saquéle debajo de los portales, y llevélo derecho de un pilar o poste de piedra que en la plaza estaba, sobre el cual y sobre otros cargaban saledizos de aquellas 20 casas, y díjele:

—Tío, éste es el paso más angosto que en el arroyo hay.

Como llovía recio, y el triste se mojaba, y con la prisa que llevábamos de salir del agua que encima nos caía, y lo más principal, porque Dios le cegó a aquella hora el entendimiento, fué por darme 25 dél venganza, creyóse de mí, y dijo:

—Ponme bien derecho, y salta tú el arroyo.

Yo le puse bien derecho enfrente del pilar, y doy un salto y póngome detrás del poste, como quien espera tope de toro, y díjele:

—¡Sus! saltad todo lo que podáis, porque deis deste cabo del agua. 30

Aun apenas lo había acabado de decir, cuando se abalanza el pobre ciego como cabrón, y de toda su fuerza arremete, tomando un paso atrás de la corrida para hacer mayor salto, y da con la cabeza en el poste, que sonó tan recio como si diera con una gran

3. **el día:** *on that day.*
7–8. **cuanto . . . recia:** *the more the night advances, the heavier it [the rainwater] is.*
17. **llevar.** *Sabe mal* is understood before this verb.
30. **porque . . . agua:** *in order that you may reach this side of the water.*
33. **de la corrida:** *for a running start.*

17

calabaza, y cayó luego para atrás, medio muerto y hendida la cabeza.

—¡Cómo! ¿Y olistes la longaniza y no el poste? ¡Oled, oled!—le dije yo—y déjole en poder de mucha gente que lo había ido a
5 socorrer.

Y tomo la puerta de la villa en los pies de un trote y, antes que la noche viniese, di comigo en Torrijos. No supe más lo que Dios dél hizo, ni curé de lo saber.

6. **tomo . . . trote:** *I reached the [gate of the] town with one [long] trot.*
7–8. **lo que . . . hizo:** *what became of him.*

TRATADO SEGUNDO

Cómo Lázaro se asentó con un clérigo, y de las cosas que con él pasó

OTRO día, no pareciéndome estar allí seguro, fuíme a un lugar que llaman Maqueda, adonde me toparon mis pecados con un clérigo que, llegando a pedir limosna, me preguntó si sabía ayudar a misa. Yo dije que sí, como era verdad, que, aunque maltratado, mil cosas buenas me mostró el pecador del ciego, y una dellas fué 5
ésta. Finalmente, el clérigo me recibió por suyo. Escapé del trueno y di en el relámpago. Porque era el ciego para con éste un Alejandro Magno, con ser la misma avaricia, como he contado. No digo más, sino que toda la laceria del mundo estaba encerrada en éste. No sé si de su cosecha era, o lo había anexado con el hábito de clerecía. 10

Él tenía un arcaz viejo y cerrado con su llave, la cual traía atada con una agujeta del paletoque. Y en viniendo el bodigo de la iglesia, por su mano era luego allí lanzado, y tornada a cerrar el arca. Y en toda la casa no había ninguna cosa de comer, como suele estar en otras: algún tocino colgado al humero, algún queso puesto en 15
alguna tabla o en el armario, algún canastillo con algunos pedazos de pan que de la mesa sobran. Que me parece a mí que, aunque dello no me aprovechara, con la vista dello me consolara.

Solamente había una horca de cebollas, y tras la llave, en una cámara en lo alto de la casa. Destas tenía yo de ración una para 20
cada cuatro días. Y cuando le pedía la llave para ir por ella, si alguno estaba presente, echaba mano al falsopecto, y con gran continencia la desataba y me la daba diciendo: "Toma, y vuélvela luego, y no hagas sino golosinar," como si debajo della estuvieran todas las conservas de Valencia, con no haber en la dicha cámara, 25
como dije, maldita la otra cosa que las cebollas colgadas de un

6. **por suyo:** *into his household,* i.e., as a servant.
7. **para con éste:** *by comparison with him.*
12. **en. . . iglesia:** *when the holy bread came from the church.*
25. **con no haber:** *whereas there was not.* The object of *haber* is *maldita la otra cosa* (*another cursed thing*).

clavo. Las cuales él tenía tan bien por cuenta que, si por malos de mis pecados me demandara a más de mi tasa, me costara caro.

Finalmente, yo me finaba de hambre. Pues ya que comigo tenía poca caridad, consigo usaba más. Cinco blancas de carne era su
5 ordinario para comer y cenar. Verdad es que partía comigo del caldo. Que de la carne tan blanco el ojo, sino un poco de pan, y ¡pluguiera a Dios que me demediara! Los sábados cómense en esta tierra cabezas de carnero, y enviábame por una que costaba tres maravedís. Aquélla le cocía y comía los ojos y la lengua y el cogote
10 y sesos y la carne que en las quijadas tenía, y dábame todos los huesos roídos, y dábamelos en el plato, diciendo:

—Toma, come, triunfa, que para ti es el mundo. Mejor vida tienes que el papa.

"Tal te la dé Dios," decía yo paso entre mí.
15 A cabo de tres semanas que estuve con él, vine a tanta flaqueza que no me podía tener en las piernas de pura hambre. Vime claramente ir a la sepultura, si Dios y mi saber no me remediaran. Para usar de mis mañas no tenía aparejo, por no tener en qué darle salto. Y aunque algo hubiera, no pudiera cegarle, como hacía al que Dios
20 perdone, si de aquella calabazada feneció. Que todavía, aunque astuto, con faltarle aquel preciado sentido, no me sentía; mas estotro, ninguno hay que tan aguda vista tuviese como él tenía.

Cuando al ofertorio estábamos, ninguna blanca en la concha caía que no era dél registrada. El un ojo tenía en la gente y el otro en mis
25 manos. Bailábanle los ojos en el casco como si fueran de azogue. Cuantas blancas ofrecían, tenía por cuenta. Y acabado el ofrecer, luego me quitaba la concheta y la ponía sobre el altar.

No era yo señor de asirle una blanca todo el tiempo que con él viví o, por mejor decir, morí. De la taberna nunca le traje una blanca
30 de vino; mas, aquel poco que de la ofrenda había metido en su arcaz, compasaba de tal forma que le duraba toda la semana. Y por ocultar su gran mezquindad decíame: "Mira, mozo, los sacerdotes

4–5. Cinco . . . cenar: *Five farthings' [worth] of meat was his usual [portion] for dinner and supper.*
5. del: *some.* Cf. the French partitive *du.*
6. Que de . . . ojo: *As for the meat, it was all in my eye,* i.e., *I was left with nothing.*
9. le refers to *aquélla [cabeza].*
14. Tal . . . Dios: *May God grant you such [a life].*
18–19. no tener . . . cegarle: *I had no opportunity to rob him. And even if I had had, I could not have made him blind.*
28. No . . . de: *I was not able to.*
29. una blanca: *a farthing's worth.*

han de ser muy templados en su comer y beber, y por esto yo no me demando como otros." Mas el lacerado mentía falsamente, porque en cofradías y mortuorios que rezamos a costa ajena, comía como lobo y bebía más que un saludador.

Y porque dije de mortuorios, Dios me perdone, que jamás fuí enemigo de la naturaleza humana sino entonces. Y esto era porque comíamos bien y me hartaban. Deseaba y aun rogaba a Dios que cada día matase el suyo. Y cuando dábamos sacramento a los enfermos, especialmente la extrema unción, como manda el clérigo rezar a los que están allí, yo cierto no era el postrero de la oración, y con 10 todo mi corazón y buena voluntad rogaba al Señor, no que le echase a la parte que más servido fuese, como se suele decir, mas que le llevase deste mundo.

Y cuando alguno destos escapaba (Dios me lo perdone), que mil veces le daba al diablo. Y el que se moría, otras tantas bendiciones 15 llevaba de mí dichas. Porque en todo el tiempo que allí estuve, que serían casi seis meses, solas veinte personas fallecieron, y éstas bien creo que las maté yo o, por mejor decir, murieron a mi requesta. Porque, viendo el Señor mi rabiosa y continua muerte, pienso que holgaba de matarlos por darme a mí vida. Mas de lo que al presente 20 padecía, remedio no hallaba. Que, si el día que enterrábamos yo vivía, los días que no había muerto, por quedar bien vezado de la hartura, tornando a mi cotidiana hambre, más lo sentía. De manera que en nada hallaba descanso, salvo en la muerte, que yo también para mí como para los otros deseaba algunas veces; mas no la veía, 25 aunque estaba siempre en mí.

Pensé muchas veces irme de aquel mezquino amo; mas por dos cosas lo dejaba. La primera, por no me atrever a mis piernas, por temer de la flaqueza que de pura hambre me venía. Y la otra, consideraba y decía: "Yo he tenido dos amos: el primero traíame 30 muerto de hambre, y dejándole topé con estotro que me tiene ya con ella en la sepultura. Pues, si deste desisto y doy en otro más bajo, ¿qué será sino fenecer?" Con esto no me osaba menear. Porque

3. que = donde.
4. saludador. A quack doctor who tried to cure mainly by the use of saliva; hence his great thirst.
8. matase el suyo: He could call unto Himself one of His own. Literally, He should kill His own.
10. de la oración: in prayer.
11–12. no que ... fuese: not that His will be done.
17. serían. Conditional of probability: must have been.
33. ¿qué será sino fenecer?: what will happen but that I shall die?

tenía por fe que todos los grados había de hallar más ruines. Y a abajar otro punto, no sonara Lázaro ni se oyera en el mundo.

Pues, estando en tal aflicción (cual plega al Señor librar della a todo fiel cristiano), y sin saber darme consejo, viéndome ir de mal 5 en peor, un día quel cuitado, ruin y lacerado de mi amo había ido fuera del lugar, llegóse acaso a mi puerta un calderero, el cual yo creo que fué ángel enviado a mí por la mano de Dios en aquel hábito. Preguntóme si tenía algo que adobar. "En mí teníais bien que hacer, y no haríadeis poco, si me remediasedes," dije paso, que 10 no me oyó. Mas como no era tiempo de gastarlo en decir gracias, alumbrado por el Espíritu Santo, le dije:

—Tío, una llave deste arcaz he perdido, y temo mi señor me azote. Por vuestra vida, veáis si en ésas que traéis hay alguna que le haga, que yo os lo pagaré.

15 Comenzó a probar el angélico calderero una y otra de un gran sartal que dellas traía, y yo a ayudarle con mis flacas oraciones. Cuando no me cato, veo en figura de panes, como dicen, la cara de Dios dentro del arcaz. Y abierto, díjele:

—Yo no tengo dineros que os dar por la llave, mas tomad de ahí 20 el pago.

Él tomó un bodigo de aquéllos, el que mejor le pareció, y dándome mi llave se fué muy contento, dejándome más a mí. Mas no toqué en nada por el presente, porque no fuese la falta sentida, y aun, porque me vi de tanto bien señor, parecióme que la hambre no 25 se me osaba llegar. Vino el mísero de mi amo, y quiso Dios no miró en la oblada quel ángel había llevado.

Y otro día, en saliendo de casa, abro mi paraíso panal, y tomo entre las manos y dientes un bodigo, y en dos credos le hice invisible, no se me olvidando el arca abierta. Y comienzo a barrer la 30 casa con mucha alegría, pareciéndome con aquel remedio remediar dende en adelante la triste vida. Y así estuve con ello aquel día y otro gozoso. Mas no estaba en mi dicha que me durase mucho aquel descanso, porque luego al tercero día me vino la terciana derecha.

Y fué que veo a deshora al que me mataba de hambre sobre 35 nuestro arcaz, volviendo y revolviendo, contando y tornando a contar los panes. Yo disimulaba, y en mi secreta oración y devociones

8–9. En ... hacer: *In me you would have plenty to do.* haríadeis = *haríais.* remediasedes = *remediaseis.*
16. ayudarle. *Comencé a* is understood before this infinitive.

y plegarias decía: "¡San Juan, y ciégale!" Despúes que estuvo un gran rato echando la cuenta, por días y dedos contando, dijo:

—Si no tuviera a tan buen recaudo esta arca, yo dijera que me habían tomado della panes; pero de hoy más, sólo por cerrar puerta a la sospecha, quiero tener buena cuenta con ellos. Nueve quedan 5 y un pedazo.

"Nuevas malas te dé Dios," dije yo entre mí. Parecióme con lo que dijo pasarme el corazón con saeta de montero, y comenzóme el estómago a escarbar de hambre, viéndose puesto en la dieta pasada. Fué fuera de casa. Yo por consolarme abro el arca y, como 10 vi el pan, comencélo de adorar, no osando recibirlo. Contélos, si a dicha el lacerado se errara, y hallé su cuenta más verdadera que yo quisiera. Lo más que yo pude hacer fué dar en ellos mil besos y, lo más delicado que yo pude, del partido partí un poco al pelo que él estaba, y con aquél pasé aquel día, no tan alegre como el pasado. 15

Mas, como la hambre creciese, mayormente que tenía el estómago hecho a más pan aquellos dos o tres días ya dichos, moría mala muerte, tanto que otra cosa no hacía en viéndome solo sino abrir y cerrar el arca, y contemplar en aquella cara de Dios (que así dicen los niños). Mas el mismo Dios que socorre a los afligidos, viéndome 20 en tal estrecho, trujo a mi memoria un pequeño remedio. Que, considerando entre mí, dije: "Este arquetón es viejo y grande y roto por algunas partes; aunque pequeños agujeros. Puédese pensar que ratones entrando en él hacen daño a este pan. Sacarlo entero no es cosa conveniente, porque verá la falta el que en tanta me hace 25 vivir. Esto bien se sufre."

Y comienzo a desmigajar el pan sobre unos no muy costosos manteles que allí estaban, y tomo uno, y dejo otro, de manera que en cada cual de tres o cuatro desmigajé su poco. Después, como quien toma gragea, lo comí, y algo me consolé. Mas él, como viniese a 30

1. **San Juan, y ciégale**: *St. John, come and blind him.* St. John was the patron saint of servants.
5. **quiero . . . ellos**: *I want to keep a strict account of them.*
8. **pasarme el corazón**: *he pierced my heart.*
14–15. **del partido . . . estaba**: *from the broken [loaf] I broke off a little piece where it was broken.*
17–18. **moría mala muerte**: *I was dying a horrible death.*
21. **trujo** = *trajo.*
23. **aunque** = *aunque tiene.* Frequently a verb is lacking, as it is in conversation, and must be supplied in translation.
25. **tanta** = *tanta falta.*   **29. su poco**: *its respective bit.*

comer y abriese el arca, vió el mal pesar, y sin duda creyó ser ratones los que el daño habían hecho. Porque estaba muy al propio contrahecho, de como ellos lo suelen hacer. Miró todo el arcaz de un cabo a otro, y vióle ciertos agujeros por do sospechaba habían
5 entrado. Llamóme, diciendo:

—¡Lázaro! ¡mira! ¡mira qué persecución ha venido aquesta noche por nuestro pan!

Yo híceme muy maravillado, preguntándole qué sería.

—¡Qué ha de ser!—dijo él—Ratones que no dejan cosa a vida.
10 Pusímonos a comer, y quiso Dios que aun en esto me fué bien. Que me cupo más pan que la laceria que me solía dar, porque rayó con un cuchillo todo lo que pensó ser ratonado, diciendo:

—Cómete eso, que el ratón cosa limpia es.

Y así aquel día, añadiendo la ración del trabajo de mis manos, o
15 de mis uñas por mejor decir, acabamos de comer, aunque yo nunca empezaba.

Y luego me vino otro sobresalto, que fué verle andar solícito quitando clavos de paredes y buscando tablillas, con las cuales clavó y cerró todos los agujeros de la vieja arca.
20 "¡O Señor mío!—dije yo entonces—¡ A cuánta miseria y fortuna y desastres estamos puestos los nacidos, y cuán poco duran los placeres desta nuestra trabajosa vida! Héme aquí que pensaba con este pobre y triste remedio remediar y pasar mi laceria, y estaba ya cuanto que alegre y de buena ventura. Mas no quiso mi desdicha,
25 despertando a este lacerado de mi amo y poniéndole más diligencia de la que él de suyo se tenía (pues los míseros por la mayor parte nunca de aquélla carecen), agora cerrando los agujeros del arca, cerrase la puerta a mi consuelo y la abriese a mis trabajos."

Así lamentaba yo, en tanto que mi solícito carpintero con muchos
30 clavos y tablillas dió fin a sus obras, diciendo:

—Agora, dones traidores ratones, conviéneos mudar propósito, que en esta casa mala medra tenéis.

De que salió de su casa, voy a ver la obra, y hallé que no dejó en la triste y vieja arca agujero, ni aun por donde le pudiese entrar

9. ¡Qué ha de ser! *What do you suppose it is!*
15. acabamos de comer: *we finished eating.*
21. los nacidos: *we mortals.*
22. Héme aquí que pensaba: *Here I was expecting.*
24. cuanto . . . desdicha: *rather joyous and in good luck. But my misfortune did not so will it.*
26. de suyo: *by nature.*   31. dones: *Messrs.* Ironical.

un mosquito. Abro con mi desaprovechada llave, sin esperanza de sacar provecho, y vi los dos o tres panes comenzados, los que mi amo creyó ser ratonados, y dellos todavía saqué alguna laceria, tocándolos muy ligeramente, a uso de esgrimidor diestro.

Como la necesidad sea tan gran maestra, viéndome con tanta 5 siempre, noche y día estaba pensando la manera que ternía en sustentar el vivir. Y pienso, para hallar estos negros remedios, que me era luz la hambre, pues dicen que el ingenio con ella se avisa, y al contrario con la hartura, y así era por cierto en mí.

Pues, estando una noche desvelado en este pensamiento, pen- 10 sando cómo me podría valer y aprovecharme del arcaz, sentí que mi amo dormía, porque lo mostraba con roncar y en unos resoplidos grandes que daba cuando estaba durmiendo. Levantéme muy quedito y, habiendo en el día pensado lo que había de hacer y dejado un cuchillo viejo, que por allí andaba, en parte do le hallase, 15 voyme al triste arcaz y, por do había mirado tener menos defensa, le acometí con el cuchillo, que a manera de barreno dél usé. Y como la antiquísima arca, por ser de tantos años, la hallase sin fuerza y corazón, antes muy blanda y carcomida, luego se me rindió, y con- sintió en su costado por mi remedio un buen agujero. Esto hecho, 20 abro muy paso la llagada arca y, al tiento, del pan que hallé partido, hice según de yuso está escrito.

Y con aquello algún tanto consolado, tornando a cerrar, me volví a mis pajas, en las cuales reposé y dormí un poco. Lo cual yo hacía mal, y echábalo al no comer. Y así sería, porque cierto en aquel 25 tiempo no me debían de quitar el sueño los cuidados del rey de Francia. Otro día fué por el señor mi amo visto el daño, así del pan como del agujero que yo había hecho, y comenzó a dar al diablo los ratones y decir: "¿Qué diremos a esto? ¡Nunca haber sentido ratones en esta casa sino agora!" 30

Y sin duda debía de decir verdad. Porque, si casa había de haber en el reino justamente dellos privilegiada, aquélla de razón había de ser, porque no suelen morar donde no hay qué comer. Torna a buscar clavos por la casa y por las paredes, y tablillas a atapárselos.

5. **tanta** = *tanta necesidad.*
6. **ternía** = *tendría.*
9. **al ... hartura**: *the contrary is caused by satiety.*
16. **tener menos defensa**: *that it was weakest.*
25. **Y así sería**: *And that was probably so.*
31. **si ... haber**: *if there was a house.*
34. **atapárselos.** *Los* refers to *agujeros (holes).*

Venida la noche y su reposo, luego yo era puesto en pie con mi aparejo y, cuantos él tapaba de día, destapaba yo de noche.

En tal manera fué y tal prisa nos dimos, que sin duda por esto se debió decir: "Donde una puerta se cierra, otra se abre." Final- mente, parecíamos tener a destajo la tela de Penélope, pues, cuanto él tejía de día, rompía yo de noche. Y en pocos días y noches pusimos la pobre despensa de tal forma que, quien quisiera propia- mente della hablar, más corazas viejas de otro tiempo que no arcaz la llamara, según la clavazón y tachuelas sobre sí tenía.

De que vió no le aprovechar nada su remedio, dijo:

—Este arcaz está tan maltratado, y es de madera tan vieja y flaca, que no habrá ratón a quien se defienda. Y va ya tal que, si andamos más con él, nos dejará sin guarda. Y aun lo peor que, aunque hace poca, todavía hará falta faltando, y me pondrá en costa de tres o cuatro reales. El mejor remedio que hallo, pues el de hasta aquí no aprovecha, armaré por de dentro a estos ratones malditos.

Luego buscó prestada una ratonera, y con cortezas de queso, que a los vecinos pedía, continuo el gato estaba armado dentro del arca. Lo cual era para mí singular auxilio. Porque, puesto caso que yo no había menester muchas salsas para comer, todavía me holgaba con las cortezas del queso que de la ratonera sacaba, y sin esto no per- donaba el ratonar del bodigo.

Como hallase el pan ratonado y el queso comido, y no cayese el ratón que lo comía, dábase al diablo, preguntaba a los vecinos: ¿qué podría ser comer el queso y sacarlo de la ratonera, y no caer ni quedar dentro el ratón, y hallar caída la trampilla del gato? Acor- daron los vecinos no ser el ratón el que este daño hacía, porque no fuera menos de haber caído alguna vez. Díjole un vecino:

—En vuestra casa yo me acuerdo que solía andar una culebra, y

5. a destajo: *for a job.* Penelope, during the absence of her husband Ulysses, after the fall of Troy, held off the advances of numerous admirers under the pretext of finishing a shroud for her father-in-law. At night she unraveled the work done during the day.

8–9. más ... llamara: *would have rather called it an old cuirass of former times than a chest.*

12. habrá. Future of probability.

13–14. Y aun ... faltando: *And yet the worst part of it is that, although it provides little defense [guarda], still if it be missing, it will be missed.*

16. armaré = *será que armaré.*

21–22. no ... bodigo: *I did not neglect nibbling at the holy bread.*

27–28. no ser: *that it was not.* **porque ... vez:** *because it could not help being caught some time.*

ésta debe de ser sin duda. Y lleva razón que, como es larga, tiene lugar de tomar el cebo y, aunque la coja la trampilla encima, como no entre toda dentro, tórnase a salir.

Cuadró a todos lo que aquél dijo, y alteró mucho a mi amo, y dende en adelante no dormía tan a sueño suelto. Que cualquier 5 gusano de la madera que de noche sonase, pensaba ser la culebra que le roía el arca. Luego era puesto en pie, y con un garrote que a la cabecera, desde que aquello le dijeron, ponía, daba en la pecadora del arca grandes garrotazos, pensando espantar la culebra. A los vecinos despertaba con el estruendo que hacía, y a mí no dejaba 10 dormir. Íbase a mis pajas y trastornábalas, y a mí con ellas, pensando que se iba para mí y se envolvía en mis pajas o en mi sayo. Porque le decían que de noche acaecía a estos animales, buscando calor, irse a las cunas donde están criaturas, y aun morderlas y hacerlas peligrar. Yo las más veces hacía del dormido, y en la 15 mañana decíame él:

—Esta noche, mozo, ¿no sentiste nada? Pues tras la culebra anduve, y aun pienso se ha de ir para ti a la cama, que son muy frías y buscan calor.

—Plega a Dios que no me muerda—decía yo—que harto miedo le 20 tengo.

Desta manera andaba tan elevado y levantado del sueño que, mi fe, la culebra o el culebro, por mejor decir, no osaba roer de noche ni levantarse al arca. Mas de día, mientras estaba en la iglesia o por el lugar, hacía mis saltos. Los cuales daños viendo él y el poco 25 remedio que les podía poner, andaba de noche, como digo, hecho trasgo.

Yo hube miedo que con aquellas diligencias no me topase con la llave que debajo de las pajas tenía, y parecióme lo más seguro meterla de noche en la boca. Porque ya, desde que viví con el 30 ciego, la tenía tan hecha bolsa, que me acaeció tener en ella doce o quince maravedís, todo en medias blancas, sin que me estorbase el comer. Porque de otra manera no era señor de una blanca quel maldito ciego no cayese con ella, no dejando costura ni remiendo

12. **se iba.** The subject is *la culebra.*
18. **son.** The subject is *las culebras,* understood.
26–27. **hecho trasgo:** *like a goblin.*
28. **no me topase.** Omit *no* in translation.
31. **la . . . bolsa:** *I had it [the mouth] converted to such an extent into a purse.*

que no me buscaba muy a menudo. Pues, así como digo, metía cada noche la llave en la boca, y dormía sin recelo que el brujo de mi amo cayese con ella. Mas cuando la desdicha ha de venir, por demás es diligencia.

5 Quisieron mis hados o, por mejor decir, mis pecados, que una noche que estaba durmiendo, la llave se me puso en la boca, que abierta debía tener, de manera y tal postura quel aire y resoplo, que yo durmiendo echaba, salía por lo hueco de la llave, que de cañuto era, y silbaba, según mi desastre quiso, muy recio, de tal
10 manera que el sobresaltado de mi amo lo oyó, y creyó sin duda ser el silbo de la culebra, y cierto lo debía parecer.

Levantóse muy paso con su garrote en la mano, y al tiento y sonido de la culebra se llegó a mí con mucha quietud, por no ser sentido de la culebra. Y como cerca se vió, pensó que allí en las
15 pajas, donde yo estaba echado, al calor mío se había venido. Levantando bien el palo, pensando tenerla debajo, y darle tal garrotazo que la matase, con toda su fuerza me descargó en la cabeza tan gran golpe que sin ningún sentido, y muy mal descalabrado, me dejó.

20 Como sintió que me había dado, según yo debía hacer gran sentimiento con el fiero golpe, contaba él que se había llegado a mí y, dándome grandes voces, llamándome, procuró recordarme. Mas, como me tocase con las manos, tentó la mucha sangre que se me iba, y conoció el daño que me había hecho. Y con mucha prisa fué
25 a buscar lumbre. Y llegando con ella, hallóme quejando, todavía con mi llave en la boca, que nunca la desamparé, la mitad fuera, bien de aquella manera que debía estar al tiempo que silbaba con ella.

Espantado el matador de culebras qué podría ser aquella llave,
30 miróla sacándomela del todo de la boca, y vió lo que era, porque en las guardas nada de la suya diferenciaba. Fué luego a probarla, y con ella probó el maleficio. Debío de decir el cruel cazador: "El ratón y culebra que me daban guerra y me comían mi hacienda, he hallado."

35 De lo que sucedió en aquellos tres días siguientes ninguna fe daré, porque los tuve en el vientre de la ballena; mas de como esto

12–13. al tiento . . . culebra: *groping toward the sound of the snake.*
27. bien . . . manera: *just in the same way.*
33. me comían mi hacienda: *were eating me out of house and home.*
36. ballena. During this time Lázaro was completely isolated from the world as Jonah was, according to the Biblical story, while in the belly of the whale. Cf. Jonah 2:1.

que he contado oí, después que en mí torné, decir a mi amo, el cual a cuantos allí venían lo contaba por extenso.

A cabo de tres días, yo torné en mi sentido, y vime echado en mis pajas, la cabeza toda emplastada y llena de aceites y ungüentos, y espantado dije: 5

—¿Qué es esto?

Respondióme el cruel sacerdote:

—A fe que los ratones y culebras que me destruían, ya los he cazado.

Y miré por mí, y vime tan maltratado que luego sospeché mi mal. 10 A esta hora entró una vieja que ensalmaba, y los vecinos. Y comiénzanme a quitar trapos de la cabeza y curar el garrotazo. Y como me hallaron vuelto en mi sentido, holgáronse mucho y dijeron:

—Pues ha tornado en su acuerdo. Placerá a Dios no será nada.

Ahí tornaron de nuevo a contar mis cuitas y a reírlas, y yo pe- 15 cador, a llorarlas. Con todo esto, diéronme de comer, que estaba transido de hambre, y apenas me pudieron demediar. Y así, de poco en poco, a los quince días, me levanté y estuve sin peligro, mas no sin hambre, y medio sano.

Luego otro día que fuí levantado, el señor mi amo me tomó por 20 la mano y sacóme la puerta fuera y, puesto en la calle, díjome:

—Lázaro, de hoy más eres tuyo y no mío. Busca amo, y vete con Dios. Que yo no quiero en mi compañía tan diligente servidor. No es posible sino que hayas sido mozo de ciego.

Y santiguándose de mí como si yo estuviera endemoniado, se 25 torna a meter en casa y cierra su puerta.

20. Luego ... que: *The very next day after.*
23–24. No es ... sido: *You must have been.*
25. de mí: *[as a protection] against me.*

TRATADO TERCERO

De Cómo Lázaro se asentó con un escudero, y de lo que le acaeció con él

DESTA manera me fué forzado sacar fuerzas de flaqueza. Y poco a poco, con ayuda de las buenas gentes, di comigo en esta insigne ciudad de Toledo, adonde, con la merced de Dios, dende a quince días se me cerró la herida. Y mientras estaba malo, siempre me daban alguna limosna; mas, después que estuve sano, todos me decían:

—Tú, bellaco y gallofero eres. Busca, busca un amo a quien sirvas.

"¿Y adónde se hallará ése?—decía yo entre mí—si Dios agora de nuevo, como crió el mundo, no lo criase."

Andando así discurriendo de puerta en puerta, con harto poco remedio, porque ya la caridad se subió al cielo, topóme Dios con un escudero que iba por la calle, con razonable vestido, bien peinado, su paso y compás en orden. Miróme, y yo a él, y díjome:

—Muchacho, ¿buscas amo?

Yo le dije:

—Sí señor.

—Pues, vente tras mí,—me respondió—que Dios te ha hecho merced en topar comigo. Alguna buena oración rezaste hoy.

Y seguíle, dando gracias a Dios por lo que le oí, y también que me parecía, según su hábito y continente, ser el que yo había menester.

Era de mañana cuando este mi tercero amo topé. Y llevóme tras sí gran parte de la ciudad. Pasábamos por las plazas donde se vendía pan y otras provisiones. Yo pensaba, y aun deseaba, que allí me quería cargar de lo que se vendía, porque ésta era propia hora cuando se suele proveer de lo necesario; mas muy a tendido paso pasaba por estas cosas. "Por ventura no lo ve aquí a su contento, —decía yo—y querrá que lo compremos en otro cabo."

8. adónde ... ése?: *I wonder where he can be found.*
11. caridad. Apparently a reference to the goddess of justice, Astraea, who returned to Heaven after a visit to earth, where she had been discouraged by so much evil.

Desta manera anduvimos hasta que dió las once. Entonces se entró en la iglesia mayor, y yo tras él, y muy devotamente le vi oír misa y los otros oficios divinos, hasta que todo fué acabado y la gente ida. Entonces salimos de la iglesia.

A buen paso tendido comenzamos a ir por una calle abajo. Yo iba   5
el más alegre del mundo en ver que no nos habíamos ocupado en buscar de comer. Bien consideré que debía ser hombre mi nuevo amo que se proveía en junto, y que ya la comida estaría a punto, y tal como yo la deseaba y aun la había menester.

En este tiempo dió el reloj la una después de medio día, y   10
llegamos a una casa ante la cual mi amo se paró, y yo con él. Y derribando el cabo de la capa sobre el lado izquierdo, sacó una llave de la manga, y abrió su puerta, y entramos en casa. La cual tenía la entrada obscura y lóbrega de tal manera que parecía que ponía temor a los que en ella entraban, aunque dentro della estaba un   15
patio pequeño y razonables cámaras.

Desque fuimos entrados, quita de sobre sí su capa y, preguntando si tenía las manos limpias, la sacudimos y doblamos y, muy limpiamente soplando un poyo que allí estaba, la puso en él. Y hecho esto, sentóse cabo della, preguntándome muy por extenso de   20
dónde era y cómo había venido a aquella cuidad.

Y yo le di más larga cuenta que quisiera, porque me parecía más conveniente hora de mandar poner la mesa y escudillar la olla que de lo que me pedía. Con todo eso, yo le satisfice de mi persona lo mejor que mentir supe, diciendo mis bienes y callando lo demás,   25
porque me parecía no ser para en cámara. Esto hecho, estuvo así un poco, y yo luego vi mala señal, por ser ya casi las dos y no le ver más aliento de comer que a un muerto.

Después desto, consideraba aquel tener cerrada la puerta con llave, ni sentir arriba ni abajo pasos de viva persona por la casa.   30
Todo lo que yo había visto eran paredes, sin ver en ella silleta, ni tajo, ni banco, ni mesa, ni aun tal arcaz como el de marras. Finalmente, ella parecía casa encantada. Estando así, díjome:

—Tú, mozo, ¿has comido?

—No señor,—dije yo—que aun no eran dadas las ocho cuando con   35
vuestra merced encontré.

26. no ser ... cámara: *that they were not fitting.*
27–28. por ... muerto: *because it was now almost two o'clock and I did not see in him any more desire to eat than a dead man would have.*
29–30. consideraba ... arriba: *I thought over his keeping the door locked and my not hearing above.*

—Pues, aunque de mañana, yo había almorzado y, cuando así como algo, hágote saber que hasta la noche me estoy así. Por eso, pásate como pudieres, que después cenaremos.

Vuestra merced crea, cuando esto le oí, que estuve en poco de
5   caer de mi estado, no tanto de hambre como por conocer de todo en todo la fortuna serme adversa. Allí se me representaron de nuevo mis fatigas, y torné a llorar mis trabajos. Allí se me vino a la memoria la consideración que hacía cuando me pensaba ir del clérigo, diciendo que, aunque aquél era desventurado y mísero, por ventura
10 toparía con otro peor. Finalmente, allí lloré mi trabajosa vida pasada, y mi cercana muerte venidera.

Y con todo, disimulando lo mejor que pude, le dije:

—Señor, mozo soy que no me fatigo mucho por comer, bendito Dios. Deso me podré yo alabar entre todos mis iguales por de mejor
15 garganta, y así fuí yo loado della, hasta hoy día, de los amos que yo he tenido.

—Virtud es ésa,—dijo él—y por eso te querré yo más. Porque el hartar es de los puercos, y el comer regladamente es de los hombres de bien.

20 "¡Bien te he entendido!—dije yo entre mí—¡maldita tanta medicina y bondad como aquestos mis amos que yo hallo hallan en la hambre!"

Púseme a un cabo del portal, y saqué unos pedazos de pan del seno, que me habían quedado de los de por Dios. Él, que vió esto,
25 díjome:

—Ven acá, mozo. ¿Qué comes?

Yo lleguéme a él y mostréle el pan. Tomóme él un pedazo, de tres que eran: el mejor y más grande. Y díjome:

—Por mi vida, que parece este buen pan.

30 —¡Y cómo! ¿Agora,—dije yo—señor, es bueno?

—Sí, a fe—dijo él.—¿Adónde lo hubiste? ¿Si es amasado de manos limpias?

—No sé yo eso,—le dije—mas a mí no me pone asco el sabor dello.

—Así plega a Dios,—dijo el pobre de mi amo.

---

1. **aunque de mañana:** *although it was early.*
2. **como.** From the verb *comer.*
3. **pásate ... pudieres.** Future subjunctive: *get along as best you can.*
4. **crea:** *may believe.*
24. **que ... Dios:** *which remained of those which I had begged.*
31. **¿Adónde lo hubiste?** *Where did you get it?*   **Si es amasado:** *I wonder if it has been kneaded.*

Y llevándolo a la boca, comenzó a dar en él tan fieros bocados como yo en lo otro.

—Sabrosísimo pan está,—dijo—por Dios.

Y como le sentí de qué pie cojeaba, dime prisa. Porque le vi en disposición, si acababa antes que yo, se comediría a ayudarme a lo que me quedase. Y con esto acabamos casi a una. Comenzó a sacudir con las manos unas pocas de migajas, y bien menudas, que en los pechos se le habían quedado. Y entró en una camareta que allí estaba, y sacó un jarro desbocado y no muy nuevo y, desque hubo bebido, convidóme con él. Yo, por hacer del continente, dije:

—Señor, no bebo vino.

—Agua es,—me respondió. Bien puedes beber.

Entonces tomé el jarro y bebí. No mucho, porque de sed no era mi congoja.

Así estuvimos hasta la noche, hablando en cosas que me preguntaba, a las cuales yo le respondí lo mejor que supe. En este tiempo metióme en la cámara donde estaba el jarro de que bebimos, y díjome:

—Mozo, párate allí, y verás cómo hacemos esta cama, para que la sepas hacer de aquí adelante.

Púseme de un cabo y él del otro, e hicimos la negra cama. En la cual no había mucho que hacer, porque ella tenía sobre unos bancos un cañizo, sobre el cual estaba tendida la ropa encima de un negro colchón. Que, por no estar muy continuada a lavarse, no parecía colchón, aunque servía dél, con harta menos lana que era menester. Aquél tendimos, haciendo cuenta de ablandarle. Lo cual era imposible, porque de lo duro, mal se puede hacer blando. El diablo del enjalma maldita la cosa tenía dentro de sí. Que puesto sobre el cañizo, todas las cañas se señalaban, y parecían a lo propio entrecuesto de flaquísimo puerco. Y sobre aquel hambriento colchón un alfamar del mismo jaez, del cual el color yo no pude alcanzar. Hecha la cama y la noche venida, díjome:

—Lázaro, ya es tarde, y de aquí a la plaza hay gran trecho. También, en esta ciudad andan muchos ladrones que siendo de noche capean. Pasemos como podamos y, mañana, venido el día,

1. **dar en él**: *to take in it.*
24. **por no ... lavarse**: *from not being washed very often.*
27–28. **El diablo ... sí**: *The wretched saddle-pad didn't have a blessed thing inside.*
34–35. **siendo de noche**: *as soon as it is night.*

Dios hará merced. Porque yo por estar solo no estoy proveído; antes he comido estos días por allá fuera. Mas agora hacerlo hemos de otra manera.

—Señor, de mí,—dije yo—ninguna pena tenga vuestra merced, que
5 bien sé pasar una noche, y aun más, si es menester, sin comer.

—Vivirás más y más sano—me respondió—porque, como decíamos hoy, no hay tal cosa en el mundo para vivir mucho que comer poco.

"Si por esa vía es,—dije entre mí—nunca yo moriré, que siempre he guardado esa regla por fuerza, y aun espero en mi desdicha
10 tenerla toda mi vida."

Y acostóse en la cama, poniendo por cabecera las calzas y el jubón. Y mandóme echar a sus pies, lo cual yo hice. Mas, ¡maldito el sueño que yo dormí! Porque las cañas y mis salidos huesos en toda la noche dejaron de rifar y encenderse. Que con mis trabajos,
15 males y hambre, pienso que en mi cuerpo no había libra de carne. Y también, como aquel día no había comido casi nada, rabiaba de hambre, la cual con el sueño no tenía amistad. Maldíjeme mil veces (¡Dios me lo perdone!), y a mi ruin fortuna, allí lo más de la noche y, lo peor, no osándome revolver por no despertarle, pedí a Dios
20 muchas veces la muerte.

La mañana venida, levantámonos, y comienza a limpiar y sacudir sus calzas y jubón, sayo y capa (¡y yo que le servía de pelillo!). Y vístese muy a su placer de espacio. Echéle aguamanos, peinóse, y púsose su espada en el talabarte y, al tiempo que la ponía, díjome:
25 —¡O si supieses, mozo, qué pieza es ésta! No hay marco de oro en el mundo por que yo la diese. Mas así, ninguna de cuantas Antonio hizo, no acertó a ponerle los aceros tan prestos como ésta los tiene.

Y sacóla de la vaina, y tentóla con los dedos, diciendo:
—¿Vesla aquí? Yo me obligo con ella cercenar un copo de lana.
30 Y yo dije entre mí:—"y yo con mis dientes, aunque no son de acero, un pan de cuatro libras."

Tornóla a meter, y ciñósela, y un sartal de cuentas gruesas del talabarte. Y con un paso sosegado y el cuerpo derecho, haciendo con él y con la cabeza muy gentiles meneos, echando el cabo de la capa
35 sobre el hombro y a veces so el brazo, y poniendo la mano derecha en el costado, salió por la puerta, diciendo:
—Lázaro, mira por la casa en tanto que voy a oír misa, y haz la

1. **Dios hará merced:** *God will show His mercy.*
12–13. **Mas . . . dormí:** *But I didn't sleep a blessed wink.*
14. **dejaron.** Should be translated in the negative. The negative is implied in *en toda la noche*.

34

cama, y ve por la vasija de agua al río, que aquí bajo está, y cierra la puerta con llave no nos hurten algo, y ponla aquí al quicio, porque si yo viniere en tanto pueda entrar.

Y súbese por la calle arriba con tan gentil semblante y continente que quien no le conociera pensara ser muy cercano pariente al conde 5 de Arcos o, a lo menos, camarero que le daba de vestir.

"¡Bendito seáis Vos, Señor,—quedé yo diciendo—que dais la enfermedad y ponéis el remedio! ¿Quién encontrara a aquel mi señor que no piense, según el contento de sí lleva, haber anoche bien cenado y dormido en buena cama y, aunque agora es de mañana, 10 no le cuenten por bien almorzado? ¡Grandes secretos son, Señor, los que Vos hacéis, y las gentes ignoran! ¿A quién no engañara aquella buena disposición y razonable capa y sayo? ¿Y quién pensara que aquel gentil hombre se pasó ayer todo el día con aquel mendrugo de pan que su criado Lázaro trujo un día y una noche en el arca de 15 su seno, do no se le podía pegar mucha limpieza; y hoy, lavándose las manos y cara, a falta de paño de manos, se hacía servir de la falda del sayo? Nadie por cierto lo sospechara. ¡O Señor, y cuántos de aquéstos debéis Vos tener por el mundo derramados que padecen, por la negra que llaman honra, lo que por Vos no 20 sufrirían!"

Así estaba yo a la puerta, mirando y considerando estas cosas, hasta que el señor mi amo traspuso la larga y angosta calle. Tornéme a entrar en casa, y en un credo la anduve toda, alto y bajo, sin hacer represa ni hallar en qué. Hago la negra dura cama, y tomo el jarro, 25 y doy comigo en el río, donde en una huerta vi a mi amo en gran requesta con dos rebozadas mujeres, al parecer de las que en aquel lugar no hacen falta. Antes muchas tienen por estilo de irse a las mañanicas del verano a refrescar, y almorzar sin llevar qué, por aquellas frescas riberas, con confianza que no ha de faltar quién se 30 lo dé, según las tienen puestas en esta costumbre aquellos hidalgos del lugar.

2. **no . . . algo:** *so that they may not steal anything from us.*
6. **que . . . vestir:** *who helped him dress.*
8–10. **Quién . . . cenado:** *Who that might meet this master of mine but would think, judging by his manner of self-content, that he had supped well the night before.*
11. **no le . . . almorzado:** *would not suppose he had breakfasted well.*
20. **la negra . . . honra:** *the wretched thing which they call honor.*
25. **en qué:** *a reason* [*to halt*].
29. **sin llevar qué:** *without taking along the wherewithal.*
31. **las** refers to *mujeres.*

Y como digo, él estaba entre ellas, hecho un Macías, diciéndoles más dulzuras que Ovidio escribió. Pero como sintieron dél que estaba bien enternecido, no se les hizo de vergüenza pedirle de almorzar, con el acostumbrado pago.

5 El, sintiéndose tan frío de bolsa cuanto caliente del estómago, tomóle tal calofrío que le robó la color del gesto, y comenzó a turbarse en la plática y a poner excusas no válidas.

Ellas, que debían ser bien instituídas, como le sintieron la enfermedad, dejáronle para el que era.

10 Yo, que estaba comiendo ciertos tronchos de berzas, con los cuales me desayuné, con mucha diligencia, como mozo nuevo, sin ser visto de mi amo, torné a casa. De la cual pensé barrer alguna parte, que bien era menester; mas no hallé con qué. Púseme a pensar qué haría, y parecióme esperar a mi amo hasta que el día 15 demediase, y si viniese y por ventura trajese algo que comiésemos; mas en vano fué mi experiencia.

Desque vi ser las dos, y no venía, y la hambre me aquejaba, cierro mi puerta y pongo la llave do mandó, y tórnome a mi menester. Con baja y enferma voz, e inclinadas mis manos en los 20 senos, puesto Dios ante mis ojos, y la lengua en su nombre, comienzo a pedir pan por las puertas y casas más grandes que me parecía. Mas, como yo este oficio le hubiese mamado en la leche, quiero decir que con el gran maestro, el ciego, lo aprendí, tan suficiente discípulo salí que, aunque en este pueblo no había caridad, ni el 25 año fuese muy abundante, tan buena maña me di que, antes que el reloj diese las cuatro, ya yo tenía otras tantas libras de pan ensiladas en el cuerpo, y más de otras dos en las mangas y senos.

Volvíme a la posada, y al pasar por la tripería, pedí a una de aquellas mujeres, y dióme un pedazo de uña de vaca con otras 30 pocas de tripas cocidas.

Cuando llegué a casa, ya el bueno de mi amo estaba en ella, doblada su capa y puesta en el poyo, y él paseándose por el patio.

---

1. **hecho un Macías**: *like a Macías.* Macias, a fourteenth-century troubadour, is considered in Spanish literature to have been the perfect type of lover.
3. **no se ... vergüenza**: *they felt no shame in.*
13. **mas no ... qué**: *but I didn't find the wherewithal.*
17. **ser**: *it was.*
20. **la lengua ... nombre**: *His name on my tongue.*
21. **parecía** = *parecían.*
22. **mamado en la leche**: *sucked in my milk,* i.e., *learned at a very early age.*

Como entré, vínose para mí. Pensé que me quería reñir la tardanza; mas mejor lo hizo Dios. Preguntóme do venía. Yo le dije:

—Señor, hasta que dió las dos, estuve aquí y, de que vi que vuestra merced no venía, fuíme por esa ciudad a encomendarme a las buenas gentes, y hanme dado esto que veis.   5

Mostréle el pan y las tripas que en un cabo de la falda traía, a lo cual él mostró buen semblante, y dijo:

—Pues, esperado te he a comer y, de que vi que no veniste, comí. Mas tú haces como hombre de bien en eso, que más vale pedirlo por Dios que no hurtarlo, y así Él me ayude como ello me parece bien. Y solamente te encomiendo no sepan que vives comigo, por lo que toca a mi honra, aunque bien creo que será secreto según lo poco que en este pueblo soy conocido. ¡Nunca a él yo hubiera de venir!

—Deso pierda, señor, cuidado—le dije yo—que maldito aquel que   15
ninguno tiene de pedirme esa cuenta, ni yo de darla.

—Agora pues, come, pecador. Que, si a Dios place, presto nos veremos sin necesidad, aunque te digo que, después que en esta casa entré, nunca bien me ha ido. Debe ser de mal suelo. Que hay casas desdichadas y de mal pie, que a los que viven en ellas pegan   20
la desdicha. Ésta debe de ser sin duda dellas; mas yo te prometo, acabado el mes, no quede en ella, aunque me la den por mía.

Sentéme al cabo del poyo y, porque no me tuviese por glotón, callé la merienda. Y comienzo a cenar y morder en mis tripas y pan, y disimuladamente miraba al desventurado señor mío, que no   25
partía sus ojos de mis faldas que a aquella sazón servían de plato. Tanta lástima haya Dios de mí como yo había dél, porque sentí lo que sentía, y muchas veces había por ello pasado, y pasaba cada día. Pensaba si sería bien comedirme a convidarle; mas, por me haber dicho que había comido, temíame no aceptaría el convite.   30
Finalmente, yo deseaba quel pecador ayudase a su trabajo del mío, y se desayunase como el día antes hizo, pues había mejor aparejo, por ser mejor la vianda y menos mi hambre.

Quiso Dios cumplir mi deseo, y aun pienso que el suyo. Porque,

10–11. **no hurtarlo.** Omit the *no* in translation. **y así . . . bien:** *and may He help me as much as this seems right to me.*
15–16. **que maldito . . . cuenta:** *for nobody gives a hoot about asking me that question.*
27–28. **sentí . . . sentía:** *I had felt what he was feeling.*
31. **ayudase . . . mío:** *to help out his trouble by [the fruits of] mine.*

como comencé a comer y él se andaba paseando, llegóse a mí y díjome:

—Dígote, Lázaro, que tienes en comer la mejor gracia que en mi vida vi a hombre, y que nadie te lo ve hacer que no le pongas gana,
5 aunque no la tenga.

"La muy buena que tú tienes—dije yo entre mí—te hace parecer la mía hermosa."

Con todo, parecióme ayudarle, pues se ayudaba y me abría camino para ello, y díjele:
10 —Señor, el buen aparejo hace buen artífice. Este pan está sabrosísimo, y esta uña de vaca tan bien cocida y sazonada que no habrá a quien no convide con su sabor.

—¿Uña de vaca es?

—Sí señor.

15 —Dígote que es el mejor bocado del mundo, y que no hay faisán que así me sepa.

—Pues pruebe, señor, y verá qué tal está.

Póngole en las uñas la otra, y tres o cuatro raciones de pan, de lo más blanco. Y asentóseme al lado, y comienza a comer, como aquel
20 que lo había gana, royendo cada huesecillo de aquéllos mejor que un galgo suyo lo hiciera.

—Con almodrote—decía—es éste singular manjar.

"Con mejor salsa lo comes tú,"—respondí yo paso.

—Por Dios, que me ha sabido como si no hubiera hoy comido
25 bocado.

"¡Así me vengan los buenos años como es ello!"—dije yo entre mí.

Pidióme el jarro del agua, y díselo como lo había traído. Es señal que, pues no le faltaba el agua, que no le había a mi amo sobrado la comida. Bebimos, y muy contentos nos fuimos a dormir como
30 la noche pasada.

Y por evitar prolijidad, desta manera estuvimos ocho o diez días, yéndose el pecador en la mañana con aquel contento y paso contado

4. **que no . . . gana:** *without your giving him a desire [to eat].*
6. **buena** = *buena gana.*
8. **parecióme** = *parecióme bien.*
12. **habrá.** Future of probability.
16. **así me sepa:** *tastes so good to me.*
18. **Póngole . . . otra:** *I put the heel into his claws.*
26. **Así . . . ello:** *May happy years come to me as surely as that [is sure].*
28–29. **que no . . . comida:** *that my master had not had too much to eat.*
32. **contento y paso contado:** *contented and measured step.*

a papar aire por las calles, teniendo en el pobre Lázaro una cabeza de lobo.

Contemplaba yo muchas veces mi desastre que, escapando de los amos ruines que había tenido, y buscando mejoría, viniese a topar con quien no solo no me mantuviese, mas a quien yo había de 5 mantener. Con todo, le quería bien con ver que no tenía ni podía más. Y antes le había lástima que enemistad. Y muchas veces, por llevar a la posada con que él lo pasase, yo lo pasaba mal.

Porque una mañana, levantándose el triste en camisa, subió a lo alto de la casa a hacer sus menesteres y, en tanto, yo, por salir de 10 sospecha, desenvolvíle el jubón y las calzas que a la cabecera dejó, y hallé una bolsilla de terciopelo raso, hecha cien dobleces, y sin maldita la blanca, ni señal que la hubiese tenido mucho tiempo.

"Éste—decía yo—es pobre, y nadie da lo que no tiene. Mas el avariento ciego y el malaventurado mezquino clérigo que, con 15 dárselo Dios a ambos, al uno de mano besada y al otro de lengua suelta, me mataban de hambre, aquéllos es justo desamar, y aquéste es de haber mancilla."

Dios me es testigo que hoy día, cuando topo con alguno de su hábito con aquel paso y pompa, le he lástima, con pensar si padece 20 lo que aquél le vi sufrir. Al cual, con toda su pobreza, holgaría de servir más que a los otros, por lo que he dicho. Sólo tenía dél un poco de descontento: que quisiera yo que no tuviera tanta presunción, mas que abajara un poco su fantasía con lo mucho que subía su necesidad. Mas, según me parece, es regla ya entre ellos 25 usada y guardada: aunque no haya cornada de trueco, ha de andar el birrete en su lugar. El Señor lo remedie, que ya con este mal han de morir.

Pues, estando yo en tal estado, pasando la vida que digo, quiso mi mala fortuna (que de perseguirme no era satisfecha) que en 30 aquella trabajada y vergonzosa vivienda no durase. Y fué, como el año en esta tierra fuese estéril de pan, acordaron el Ayuntamiento

---

1–2. **una cabeza de lobo:** *a dupe.*
6–7. **no . . . más:** *he had nothing and could do no better.*
10. **hacer sus menesteres:** *to take care of a certain necessity.*
12. **hecha cien dobleces:** *folded a hundred times.*
15–17. **con dárselo . . . suelta:** *even though God had provided for them both, one through his hand-kissing and the other through a ready tongue.*
18. **haber mancilla:** *to be sorry [for].*
24–25. **con . . . necesidad:** *with the rise of his necessity.*
26–27. **ha de . . . lugar:** *they must put on a good appearance.*
27. **El Señor lo remedie:** *May the Lord remedy it.*

que todos los pobres extranjeros se fuesen de la ciudad, con pregón que el que de allí adelante topasen fuese punido con azotes. Y así, ejecutando la ley, desde a cuatro días que el pregón se dió, vi llevar una procesión de pobres azotando por las Cuatro Calles. Lo

5 cual me puso tan gran espanto que nunca osé desmandarme a demandar.

Aquí viera, quien verlo pudiera, la abstinencia de mi casa y la tristeza y silencio de los moradores della, tanto, que nos acaeció estar dos o tres días sin comer bocado ni hablar palabra. A mí diéronme

10 la vida unas mujercillas hilanderas de algodón, que hacían bonetes y vivían par de nosotros, con las cuales yo tuve vecindad y conocimiento. Que de la laceria que les traían me daban alguna cosilla, con la cual muy pasado me pasaba.

Y no tenía tanta lástima de mí como del lastimado de mi amo, que

15 en ocho días maldito el bocado que comió. A lo menos en casa bien los estuvimos sin comer. No sé yo cómo o dónde andaba, y qué comía. ¡Y verle venir a medio día la calle abajo, con estirado cuerpo, más largo que galgo de buena casta! Y por lo que tocaba a su negra, que dicen honra, tomaba una paja, de las que aun asaz no había

20 en casa, y salía a la puerta escarbando los que nada entre sí tenían, quejándose todavía de aquel mal solar, diciendo:

—Malo está de ver que la desdicha desta vivienda lo hace. Como ves, es lóbrega, triste, obscura. Mientras aquí estuviéremos, hemos de padecer. Ya deseo que se acabe este mes por salir della.

25 Pues, estando en esta afligida y hambrienta persecución, un día, no sé por cual dicha o ventura, en el pobre poder de mi amo entró un real. Con el cual él vino a casa tan ufano como si tuviera el tesoro de Venecia y, con gesto muy alegre y risueño, me lo dió, diciendo:

30 —Toma, Lázaro, que Dios ya va abriendo su mano. Ve a la plaza y merca pan y vino y carne; ¡quebremos el ojo al diablo! Y más te

---

3. desde . . . dió: *four days after the proclamation.*
4. Cuatro Calles. A plaza in Toledo, terminal point of four streets.
7. viera . . . pudiera: *whoever could see it, might see.*
13. muy pasado me pasaba: *I just about managed.*
16. los = *los días.*
18–19. negra, que dicen honra. See note for line 20, page 35.
20. los = *los dientes.*
22. Malo . . . hace: *It is bad to see how the ill-luck of this house causes evil.*
23. estuviéremos. Future subjunctive; translate as present tense.
31. quebremos . . . diablo: *let's shoot the works.* Literally, *let's put the devil's eye out.*

hago saber, porque te huelgues, que he alquilado otra casa, y en esta desastrada no hemos de estar más de en cumpliendo el mes. ¡Maldita sea ella y el que en ella puso la primera teja, que con mal en ella entré! Por nuestro Señor, cuanto ha que en ella vivo, gota de vino ni bocado de carne no he comido, ni he habido descanso 5 ninguno; mas, ¡tal vista tiene y tal obscuridad y tristeza! Ve y ven presto, y comamos hoy como condes.

Tomo mi real y jarro y, a los pies dándoles prisa, comienzo a subir mi calle, encaminando mis pasos para la plaza, muy contento y alegre. Mas ¿qué me aprovecha, si está constituído en mi triste 10 fortuna que ningún gozo me venga sin zozobra? Y así fué éste. Porque, yendo la calle arriba, echando mi cuenta en lo que le emplearía, que fuese mejor y más provechosamente gastado, dando infinitas gracias a Dios que a mi amo había hecho con dinero, a deshora me vino al encuentro un muerto, que por la calle abajo 15 muchos clérigos y gente en unas andas traían.

Arriméme a la pared, por darles lugar y, desque el cuerpo pasó, venía luego par del lecho una que debía ser su mujer del difunto, cargada de luto (y con ella otras muchas mujeres), la cual iba llorando a grandes voces, y diciendo: 20

—Marido y señor mío, ¿adónde os me llevan? ¡A la casa triste y desdichada, a la casa lóbrega y obscura, a la casa donde nunca comen ni beben!

Yo que aquello oí, juntóseme el cielo con la tierra, y dije:

—¡O desdichado de mí! Para mi casa llevan este muerto. 25

Dejo el camino que llevaba, y hendí por medio de la gente, y vuelvo por la calle abajo a todo el más correr que pude para mi casa. Y entrando en ella, cierro a grande prisa, invocando el auxilio y favor de mi amo, abrazándome dél, que me venga a ayudar y a defender la entrada. El cual algo alterado, pensando que fuese otra 30 cosa, me dijo:

—¿Qués eso, mozo? ¿Qué voces das? ¿Qué has? ¿Porque cierras la puerta con tal furia?

2. desastrada = desastrada casa. **más de ... mes:** any longer than the end of the month.
3–4. con ... entré: I entered it in an evil hour.
4. cuanto ... vivo: all the time that I have been living in it.
12–13. echando ... gastado: calculating how I would use it so that it might be best and most advantageously spent.
14. que ... dinero: who had made my master wealthy.
17. Arriméme a la pared. The streets of Toledo and other cities in Spain are very narrow to this day.   **21. me.** Ethical dative; omit in translation.

—¡O señor!—dije yo—¡acuda aquí, que nos traen acá un muerto!
—¿Cómo así?—respondió él.

—Aquí arriba lo encontré, y venía diciendo su mujer: "Marido y señor mío, ¿adónde os llevan? ¡A la casa lóbrega y obscura, a la
5 casa triste y desdichada, a la casa donde nunca comen ni beben!" Acá, señor, nos le traen.

Y ciertamente, cuando mi amo esto oyó, aunque no tenía por qué estar muy risueño, rió tanto que muy gran rato estuvo sin poder hablar. En este tiempo tenía yo echada el aldaba a la puerta, y
10 puesto el hombro en ella por más defensa. Pasó la gente con su muerto, y yo todavía me recelaba que nos le habían de meter en casa. Y desque fué ya más harto de reír que de comer, el bueno de mi amo díjome:

—Verdad es, Lázaro, según la viuda lo va diciendo, tú tuviste
15 razón de pensar lo que pensaste; mas, pues Dios lo ha hecho mejor y pasan adelante, abre, abre, y ve por de comer.

—Déjalos, señor, acaben de pasar la calle—dije yo.

Al fin vino mi amo a la puerta de la calle, y ábrela esforzándome, que bien era menester, según el miedo y alteración, y me torno a
20 encaminar.

Mas, aunque comimos bien aquel día, maldito el gusto yo tomaba en ello, ni en aquellos tres días torné en mi color. Y mi amo muy risueño, todas las veces que se le acordaba aquella mi consideración.

25 De esta manera estuve con mi tercero y pobre amo, que fué este escudero, algunos días, y en todos deseando saber la intención de su venida y estada en esta tierra. Porque, desde el primer día que con él asenté, le conocí ser extranjero, por el poco conocimiento y trato que con los naturales della tenía.

30 Al fin se cumplió mi deseo y supe lo que deseaba. Porque un día que habíamos comido razonablemente y estaba algo contento, contóme su hacienda y díjome ser de Castilla la Vieja, y que había dejado su tierra no más de por no quitar el bonete a un caballero, su vecino.

35 —Señor,—dije yo—si él era lo que decís, y tenía más que vos, no errabais en quitárselo primero, pues decís que él también os lo quitaba.

---

16. por. Supply *algo.*
22. torné en mi color: *did I get back my color.*
33. no más de por no: *just to avoid.*

42

—Sí es, y sí tiene, y también me lo quitaba él a mí. Mas, de cuantas veces yo se le quitaba primero, no fuera malo comedirse él alguna, y ganarme por la mano.

—Paréceme, señor, —le dije yo—que en eso no mirara, mayormente con mis mayores que yo y que tienen más. 5

—Eres muchacho—me respondió—y no sientes las cosas de la honra, en que el día de hoy está todo el caudal de los hombres de bien. Pues, hágote saber que yo soy, como ves, un escudero; mas vótote a Dios, si al conde topo en la calle y no me quita muy bien quitado del todo el bonete que, otra vez que venga, me sepa yo 10 entrar en una casa, fingiendo yo en ella algún negocio, o atravesar otra calle, si la hay, antes que llegue a mí, por no quitárselo. Que un hidalgo no debe a otro que a Dios y al rey nada, ni es justo, siendo hombre de bien, se descuide un punto de tener en mucho su persona. Acuérdome que un día deshonré en mi tierra a un oficial, y 15 quise poner en él las manos, porque cada vez que le topaba me decía: "Mantenga Dios a vuestra merced." "Vos, don villano ruin— le dije yo—¿por qué no sois bien criado? '¿Manténgaos Dios,' me habéis de decir, como si fuese quienquiera?" De allí adelante, de aquí acullá me quitaba el bonete, y hablaba como debía. 20

—¿Y no es buena manera de saludar un hombre a otro—dije yo— decirle que le mantenga Dios?

—¡Mira mucho de enhoramala!—dijo él. A los hombres de poca arte dicen eso; mas a los más altos, como yo, no les han de hablar menos de: "Beso las manos de vuestra merced," o por lo menos: 25 "Bésoos, señor, las manos," si el que me habla es caballero. Y así, a aquel de mi tierra que me atestaba de mantenimiento, nunca más le quise sufrir, ni sufriría, ni sufriré a hombre del mundo, del rey abajo, que "Manténgaos Dios" me diga.

"Pecador de mí—dije yo—por eso tiene tan poco cuidado de 30 mantenerte, pues no sufres que nadie se lo ruegue."

—Mayormente—dijo—que no soy tan pobre que no tengo en mi tierra un solar de casas, que a estar ellas en pie y bien labradas (diez y seis leguas de donde nací, en aquella costanilla de Valladolid), valdrían más de doscientos mil maravedís, según se podrían 35

3. **alguna** = *alguna vez.*
5. **con mis ... más:** *with my betters and those [people] who have more.*
9–10. **no me ... bonete:** *he does not take his hat completely off to me.*
12. **si la hay:** *if there is one.*
27. **mantenimiento.** Refers back to the greeting *"Manténgaos Dios."*
28–29. **del rey abajo:** *from the king on down.*

hacer grandes y buenas. Y tengo un palomar que, a no estar derribado como está, daría cada año más de doscientos palominos. Y otras cosas, que me callo, que dejé por lo que tocaba a mi honra.

Y vine a esta ciudad, pensando que hallaría un buen asiento, mas no me ha sucedido como pensé. Canónigos y señores de la iglesia, muchos hallo; mas es gente tan limitada que no los sacaran de su paso todo el mundo. Caballeros de media talla también me ruegan; mas servir a éstos es gran trabajo. Porque de hombre os habéis de convertir en malilla y, si no, "Anda con Dios," os dicen. Y las más veces son los pagamentos a largos plazos y, las más y las más ciertas, comido por servido. Ya cuando quieren reformar conciencia y satisfaceros vuestros sudores, sois librado en la recámara, en un sudado jubón o raída capa o sayo. Ya, cuando asienta hombre con un señor de título, todavía pasa su laceria. Pues, ¿por ventura no hay en mí habilidad para servir y contentar a éstos? Por Dios, si con él topase, muy gran su privado pienso que fuese, y que mil servicios le hiciese, porque yo sabría mentirle tan bien como otro, y agradarle a las mil maravillas. Reírle hía mucho sus donaires y costumbres, aunque no fuesen las mejores del mundo. Nunca decirle cosa con que le pesase, aunque mucho le cumpliese. Ser muy diligente en su persona, en dicho y hecho. No me matar por no hacer bien las cosas que él no había de ver. Y ponerme a reñir, donde él lo oyese, con la gente de servicio, porque pareciese tener gran cuidado de lo que a él tocaba. Si riñese con alguno su criado, dar unos puntillos agudos para le encender la ira, y que pareciesen en favor del culpado. Decirle bien de lo que bien le estuviese y, por el contrario, ser malicioso, mofador, malsinar a los de casa y a los de fuera, pesquisar y procurar de saber vidas ajenas para contárselas; y otras muchas galas desta calidad que hoy día se usan en palacio y a los señores dél parecen bien. Y no quieren ver en sus casas hombres virtuosos; antes los aborrecen y tienen en poco, y llaman necios, y que no son personas de negocios, ni con quien el señor se puede descuidar. Y con éstos los astutos usan, como digo, el día de hoy, de lo que yo usaría; mas no quiere mi ventura que le halle.

1. **a no estar:** *if it were not.*
10–11. **las más ... servido:** *most often by far, food for service.*
16. **muy gran ... fuese:** *I think I should be his very great favorite.*
18. **Reírle hía** = *le reiría.*
26. **Decirle ... estuviese:** *Speak to him favorably of what might be to his liking.*
30. **dél.** *él* refers to *palacio.*
33–34. **de lo que yo usaría:** *as I should.*

Desta manera lamentaba también su adversa fortuna mi amo, dándome relación de su persona valerosa.

Pues, estando en esto, entró por la puerta un hombre y una vieja. El hombre le pide el alquiler de la casa, y la vieja el de la cama. Hacen cuenta, y de dos meses le alcanzaron lo que él en un año no alcanzara. Pienso que fueron doce o trece reales. Y él les dió muy buena respuesta: que saldría a la plaza a trocar una pieza de a dos, y que a la tarde volviesen. Mas su salida fué sin vuelta.

Por manera que a la tarde ellos volvieron; mas fué tarde. Yo les dije que aun no era venido. Venida la noche, y él no, yo hube miedo de quedar en casa solo, y fuíme a las vecinas, y contéles el caso, y allí dormí.

Venida la mañana, los acreedores vuelven y preguntan por el vecino; mas, a estotra puerta. Las mujeres les responden:

—Veis aquí su mozo y la llave de la puerta.

Ellos me preguntaron por él, y díjeles que no sabía adónde estaba, y que tampoco había vuelto a casa desque salió a trocar la pieza, y que pensaba que de mí y de ellos se había ido con el trueco.

De que esto me oyeron, van por un alguacil y un escribano. Y hélos do vuelven luego con ellos, y toman la llave, y llámanme, y llaman testigos, y abren la puerta, y entran a embargar la hacienda de mi amo hasta ser pagados de su deuda. Anduvieron toda la casa, y halláronla desembarazada, como he contado, y dícenme:

—¿Qués de la hacienda de tu amo, sus arcas y paños de pared y alhajas de casa?

—No sé yo eso,—les respondí.

—Sin duda—dicen ellos—esta noche lo deben de haber alzado y llevado a alguna parte. Señor alguacil, prended a este mozo, que él sabe dónde está.

En esto vino el alguacil, y echóme mano por el collar del jubón, diciendo:

—Muchacho, tú eres preso si no descubres los bienes deste tu amo.

Yo, como en otra tal no me hubiese visto (porque asido del collar, sí, había sido muchas veces; mas era mansamente dél trabado para que mostrase el camino al que no veía), yo hube mucho miedo, y llorando prometíle de decir lo que me preguntaban.

4. **el de la cama.** *El* refers to *alquiler.*
5–6. **de dos ... alcanzara:** *for two months they tried to collect from him an amount that he would not earn in a year.*
14. **mas ... puerta:** *but try next door [they are told].*
24. **Qués de:** *What has become of.*
33. **tal.** Supply *situación.*

—Bien está—dicen ellos.—Pues di lo que sabes y no hayas temor.

Sentóse el escribano en un poyo para escribir el inventario, preguntándome qué tenía.

—Señores,—dije yo—lo que este mi amo tiene, según él me dijo,
5 es un muy buen solar de casas y un palomar derribado.

—Bien está—dicen ellos.—Por poco que eso valga, hay para nos entregar de la deuda. ¿Y a qué parte de la ciudad tiene eso?—me preguntaron.

—En su tierra,—les respondí.

10 —Por Dios, que está bueno el negocio—dijeron ellos.—¿Y adónde es su tierra?

—De Castilla la Vieja me dijo él que era,—les dije.

Riéronse mucho el alguacil y el escribano, diciendo:

—Bastante relación es ésta para cobrar vuestra deuda, aunque
15 mejor fuese.

Las vecinas, que estaban presentes, dijeron:

—Señores, éste es un niño inocente, y ha pocos días que está con ese escudero, y no sabe dél más que vuestras mercedes; sino cuanto el pecadorcico se llega aquí a nuestra casa, y le damos de comer
20 lo que podemos, por amor de Dios, y a las noches se iba a dormir con él.

Vista mi inocencia, dejáronme, dándome por libre. Y el alguacil y el escribano piden al hombre y a la mujer sus derechos. Sobre lo cual tuvieron gran contienda y ruido. Porque ellos alegaron no ser
25 obligados a pagar, pues no había de qué ni se hacía el embargo. Los otros decían que habían dejado de ir a otro negocio que les importaba más, por venir a aquél.

Finalmente, después de dadas muchas voces, al cabo carga a un porquerón con el viejo alfamar de la vieja; aunque no iba muy
30 cargado. Allá van todos cinco dando voces. No sé en qué paró. Creo yo que el pecador alfamar pagara por todos. Y bien se empleaba, pues el tiempo que había de reposar y descansar de los trabajos pasados, se andaba alquilando.

Así, como he contado, me dejó mi pobre tercero amo, do acabé

6. **hay.** Supply *bastante.*
17. **ha . . . está:** *he has been only a few days.*
18. **sino cuanto:** *besides.*
25. **no había de qué:** *there was no reason to.*
28. **carga.** Translate with subject pronoun *they.*
33. **se andaba alquilando:** *it was going about for rent.*

de conocer mi ruin dicha. Pues, señalándose todo lo que podía contra mí, hacía mis negocios tan al revés que los amos, que suelen ser dejados de los mozos, en mí no fuese así, mas que mi amo me dejase y huyese de mí.

1–2. **señalándose ... mí:** *behaving in a most abominable manner toward me.*

TRATADO CUARTO

Cómo Lázaro se asentó con un fraile de la Merced, y de lo que le acaeció con él

HUBE de buscar el cuarto, y éste fué un fraile de la Merced, que las mujercillas que digo me encaminaron. Al cual ellas le llamaban pariente. Gran enemigo del coro y de comer en el convento, perdido por andar fuera, amicísimo de negocios seglares y visitar. Tanto, que pienso que rompía él más zapatos que todo el convento. Éste me dió los primeros zapatos que rompí en mi vida; mas no me duraron ocho días. Ni yo pude con su trote durar más. Y por esto, y por otras cosillas que no digo, salí dél.

5

1. **Merced.** A religious order.

TRATADO QUINTO

Cómo Lázaro se asentó con un buldero, y de las cosas que con él pasó

EN EL QUINTO por mi ventura di, que fué un buldero, el más desenvuelto y desvergonzado, y el mayor echador dellas que jamás yo vi, ni ver espero, ni pienso nadie vió. Porque tenía y buscaba modos y maneras y muy sutiles invenciones.

En entrando en los lugares do habían de presentar la bula, primero presentaba a los clérigos o curas algunas cosillas, no tampoco de mucho valor ni sustancia: una lechuga murciana, si era por el tiempo, un par de limas o naranjas, un melocotón, un par de duraznos, cada sendas peras verdiñales. Así procuraba tenerlos propicios porque favoreciesen su negocio y llamasen sus feligreses, a tomar la bula.

Ofreciéndosele a él las gracias, informábase de la suficiencia dellos. Si decían que entendían, no hablaba palabra en latín por no dar tropezón; mas aprovechábase de un gentil y bien cortado romance y desenvoltísima lengua. Y si sabía que los dichos clérigos eran de los reverendos, digo que más con dineros que con letras y con reverendas se ordenan, hacíase entre ellos un Santo Tomás, y hablaba dos horas en latín. A lo menos que lo parecía, aunque no lo era.

Cuando por bien no le tomaban las bulas, buscaba cómo por mal se las tomasen. Y para aquello hacía molestias al pueblo, y otras veces con mañosos artificios. Y porque todos los que le veía hacer sería largo de contar, diré uno muy sutil y donoso, con el cual probaré bien su suficiencia.

En un lugar de la Sagra de Toledo había predicado dos o tres días, haciendo sus acostumbradas diligencias, y no le habían tomado bula, ni a mi ver tenían intención de se la tomar. Estaba dado al diablo con aquello y, pensando qué hacer, se acordó de convidar al pueblo, para otro día de mañana despedir la bula.

5

10

15

20

25

1. **quinto.** Supply *amo.*
2. **dellas.** *ellas* refers to *bulas (indulgences).*
27-28. **Estaba ... aquello:** *He was cursing himself because of that.*

49

Y esa noche, después de cenar, pusiéronse a jugar la colación él y el alguacil. Y sobre el juego vinieron a reñir y a haber malas palabras. Él llamó al alguacil ladrón, y el otro a él falsario. Sobre esto, el señor comisario, mi señor, tomó un lanzón, que en el portal do jugaban estaba. El alguacil puso mano a su espada, que en la cinta tenía.

Al ruido y voces que todos dimos, acuden los huéspedes y vecinos y métense en medio. Y ellos, muy enojados, procurándose desembarazar de los que en medio estaban, para se matar. Mas, como la gente al gran ruido cargase y la casa estuviese llena della, viendo que no podían afrentarse con las armas, decíanse palabras injuriosas. Entre las cuales el alguacil dijo a mi amo que era falsario y las bulas, que predicaba, que eran falsas.

Finalmente, que los del pueblo, viendo que no bastaban a ponerlos en paz, acordaron de llevar al alguacil de la posada a otra parte. Y así quedó mi amo muy enojado. Y después que los huéspedes y vecinos le hubieron rogado que perdiese el enojo y se fuese a dormir, se fué, y así nos echamos todos.

La mañana venida, mi amo se fué a la iglesia, y mandó tañer a misa y al sermón para despedir la bula. Y el pueblo se juntó. El cual andaba murmurando de las bulas, diciendo como eran falsas, y que el mismo alguacil riñendo lo había descubierto. De manera que, atrás que tenían mala gana de tomarla, con aquello del todo la aborrecieron.

El señor comisario se subió al púlpito, y comienza su sermón, y a animar la gente a que no quedasen sin tanto bien y indulgencia como la santa bula traía.

Estando en lo mejor del sermón, entra por la puerta de la iglesia el alguacil y, desque hizo oración, levantóse y, con voz alta y pausada, cuerdamente comenzó a decir:

—Buenos hombres, oídme una palabra, que después oiréis a quien quisiereis. Yo vine aquí con este echacuervo que os predica. El cual me engañó, y dijo que le favoreciese en este negocio, y que partiríamos la ganancia. Y agora, visto el daño que haría a mi conciencia y a vuestras haciendas, arrepentido de lo hecho, os declaro claramente que las bulas que predica son falsas, y que no le creáis ni las toméis, y que yo directe ni indirecte no soy parte en ellas, y que desde agora dejo la vara y doy con ella en el suelo. Y si en

18. **nos echamos** = *nos echamos a dormir.*
32. **quisiereis.** Future subjunctive; translate as present tense.

algún tiempo éste fuere castigado por la falsedad, que vosotros me seáis testigos como yo no soy con él ni le doy a ello ayuda; antes os desengaño y declaro su maldad.

Y acabó su razonamiento.

Algunos hombres honrados que allí estaban se quisieron levantar 5 y echar al alguacil fuera de la iglesia, por evitar escándalo. Mas mi amo les fué a la mano y mandó a todos que so pena de excomunión no le estorbasen; mas que le dejasen decir todo lo que quisiese. Y así él también tuvo silencio mientras el alguacil dijo todo lo que he dicho. 10

Como calló, mi amo le preguntó si quería decir más, que lo dijese. El alguacil dijo:

—Harto más hay que decir de vos y de vuestra falsedad; mas por agora basta.

El señor comisario se hincó de rodillas en el púlpito y, puestas 15 las manos y mirando al cielo, dijo así:

—Señor Dios, a quien ninguna cosa es escondida, antes todas manifiestas, y a quien nada es imposible, antes todo posible, Tú sabes la verdad, y cuán injustamente yo soy afrentado. En lo que a mí toca, yo le perdono, porque Tú, Señor, me perdones. No mires 20 a aquél que no sabe lo que hace ni dice; mas la injuria a Ti hecha, Te suplico, y por justicia Te pido, no disimules. Porque alguno que está aquí, que por ventura pensó tomar aquesta santa bula, dando crédito a las falsas palabras de aquel hombre lo dejara de hacer. Y, pues es tanto perjuicio del prójimo, Te suplico yo, Señor, no lo 25 disimules; mas luego muestra aquí milagro, y sea desta manera: que si es verdad lo que aquél dice, y que yo traigo maldad y falsedad, este púlpito se hunda comigo y meta siete estados debajo de tierra, do él ni yo jamás parezcamos; y, si es verdad lo que yo digo, y aquél, persuadido del demonio, por quitar y privar a los que están 30 presentes de tan gran bien, dice maldad, también sea castigado, y de todos conocida su malicia.

Apenas había acabado su oración el devoto señor mío, cuando el negro alguacil cae de su estado, y da tan gran golpe en el suelo que la iglesia toda hizo resonar, y comenzó a bramar y echar espumajos 35 por la boca, y torcerla, y hacer visajes con el gesto, dando de pie y de mano, revolviéndose por aquel suelo a una parte y a otra.

El estruendo y voces de la gente era tan grande que no se oían

1. **fuere.** Future subjunctive; translate as present tense.
15–16. **puestas las manos:** *with his hands folded [in prayer]*.

unos a otros. Algunos estaban espantados y temerosos; unos decían:

—El Señor le socorra y valga.

Otros:

—Bien se le emplea, pues levantaba tan falso testimonio.

5 Finalmente, algunos que allí estaban (y a mi parecer, no sin harto temor) se llegaron, y le trabaron de los brazos, con los cuales daba fuertes puñadas a los que cerca dél estaban. Otros le tiraban por las piernas, y tuvieron reciamente, porque no había mula falsa en el mundo que tan recias coces tirase. Y así le tuvieron un gran rato.

10 Porque más de quince hombres estaban sobre él, y a todos daba las manos llenas y, si se descuidaban—en los hocicos.

A todo esto, el señor mi amo estaba en el púlpito de rodillas, las manos y los ojos puestos en el cielo, trasportado en la divina esencia, que el planto y ruido y voces que en la iglesia había no eran parte

15 para apartarle de su divina contemplación.

Aquellos buenos hombres llegaron a él, y dando voces le despertaron, y le suplicaron quisiese socorrer a aquel pobre que estaba muriendo, y que no mirase a las cosas pasadas ni a sus dichos malos, pues ya dellos tenía el pago; mas, si en algo podría aprovechar para

20 librarle del peligro y pasión que padecía, por amor de Dios lo hiciese, pues ellos veían clara la culpa del culpado, y la verdad y bondad suya, pues a su petición y venganza el Señor no alargó el castigo.

El señor comisario, como quien despierta de un dulce sueño, los

25 miró, y miró al delincuente, y a todos los que alrededor estaban, y muy pausadamente les dijo:

—Buenos hombres, vosotros nunca habíais de rogar por un hombre en quien Dios tan señaladamente se ha señalado; mas pues Él nos manda que no volvamos mal por mal y perdonemos las injurias,

30 con confianza podremos suplicarle que cumpla lo que nos manda, y Su Majestad perdone a éste que le ofendió poniendo en Su santa fe obstáculo. Vamos todos a suplicarle.

Y así bajó del púlpito, y encomendó a que muy devotamente suplicasen a nuestro Señor tuviese por bien de perdonar a aquel

35 pecador, y volverle en su salud y sano juicio, y lanzar dél el demonio, si Su Majestad había permitido que por su gran pecado en él entrase.

Todos se hincaron de rodillas y, delante del altar con los clérigos, comenzaban a cantar con voz baja una letanía. Y viniendo él con la cruz y agua bendita, después de haber sobre él cantado, el señor

---

11. **en los hocicos:** *[he struck them] on their snouts.*
22. **a su petición y venganza:** *at his petition and for his satisfaction.*

mi amo, puestas las manos al cielo, y los ojos que casi nada se le parecía sino un poco de blanco, comienza una oración no menos larga que devota, con la cual hizo llorar a toda la gente (como suelen hacer en los sermones de pasión, de predicador y auditorio devoto), suplicando a nuestro Señor, pues no quería la muerte del 5 pecador, sino su vida y arrepentimiento, que a aquél, encaminado por el demonio y persuadido de la muerte y pecado, le quisiese perdonar y dar vida y salud, para que se arrepintiese y confesase sus pecados.

Y esto hecho, mandó traer la bula, y púsosela en la cabeza. Y 10 luego el pecador del alguacil comenzó poco a poco a estar mejor y tornar en sí. Y desque fué bien vuelto en su acuerdo, echóse a los pies del señor comisario, y demandóle perdón. Confesó haber dicho aquello por la boca y mandamiento del demonio, lo uno por hacer a él daño y vengarse del enojo, lo otro y más principal, porque el 15 demonio recibía mucha pena del bien que allí se hiciera en tomar la bula.

El señor mi amo le perdonó, y fueron hechas las amistades entre ellos. Y a tomar la bula hubo tanta prisa que casi ánima viviente en el lugar no quedó sin ella, marido y mujer, e hijos e hijas, mozos y 20 mozas.

Divulgóse la nueva de lo acaecido por los lugares comarcanos y, cuando a ellos llegábamos, no era menester sermón ni ir a la iglesia, que a la posada la venían a tomar, como si fueran peras que se dieran de balde. De manera que, en diez o doce lugares de 25 aquellos alrededores donde fuimos, echó el señor mi amo otras tantas mil bulas sin predicar sermón.

Cuando se hizo el ensayo, confieso mi pecado que también fuí dello espantado, y creí que así era, como otros muchos. Mas, con ver después la risa y burla que mi amo y el alguacil llevaban y 30 hacían del negocio, conocí cómo había sido industriado por el industrioso e inventivo de mi amo.

Y aunque muchacho cayóme mucho en gracia, y dije entre mí: "¡Cuántas destas deben de hacer estos burladores entre la inocente gente!" 35

Finalmente, estuve con este mi quinto amo cerca de cuatro meses, en los cuales pasé también hartas fatigas.

1. **puestas . . . cielo:** *his hands raised toward heaven.*
4–5. **de predicador . . . devoto:** *with a devout preacher and audience.*
10. **cabeza.** The recipient of a papal bull customarily placed it on his head as a sign of respect and reverence.

TRATADO SEXTO

Cómo Lázaro se asentó con un capellán, y lo que con él pasó

DESPUÉS desto, asenté con un maestro de pintar panderos para molerle los colores, y también sufrí mil males.

Siendo ya en este tiempo buen mozuelo, entrando un día en la iglesia mayor, un capellán della me recibió por suyo. Y púsome
5   en poder un buen asno y cuatro cántaros y un azote, y comencé a echar agua por la ciudad. Éste fué el primer escalón que yo subí para venir a alcanzar buena vida, porque mi boca era medida. Daba cada día a mi amo treinta maravedís ganados, y los sábados ganaba para mí, y todo lo demás, entre semana, de treinta mara-
10 vedís.

Fuéme tan bien en el oficio que al cabo de cuatro años que lo usé, con poner en la ganancia buen recaudo, ahorré para me vestir muy honradamente de la ropa vieja. De la cual compré un jubón de fustán viejo, y un sayo raído de manga tranzada y puerta, y una
15 capa que había sido frisada, y una espada de las viejas primeras de Cuéllar. Desque me vi en hábito de hombre de bien, dije a mi amo se tomase su asno, que no quería más seguir aquel oficio.

3. **buen mozuelo:** *quite grown up.*
7. **mi ... medida:** *my belly was full.*
9–10. **todo ... maravedís:** *during the week all in excess of thirty maravedis.*
12. **con poner ... ahorré:** *by watching my earnings very carefully, I saved [enough].*

TRATADO SÉPTIMO

Cómo Lázaro se asentó con un alguacil, y de lo que acaeció con él

DESPEDIDO del capellán, asenté por hombre de justicia con un alguacil. Mas muy poco viví con él, por parecerme oficio peligroso. Mayormente, que una noche nos corrieron a mí y a mi amo a pedradas y a palos unos retraídos. Y a mi amo, que esperó, trataron mal; mas a mí no me alcanzaron. Con esto renegué del 5
trato.

Y pensando en qué modo de vivir haría mi asiento por tener descanso y ganar algo para la vejez, quiso Dios alumbrarme y ponerme en camino y manera provechosa. Y con favor que tuve de amigos y señores, todos mis trabajos y fatigas, hasta entonces 10
pasados, fueron pagados con alcanzar lo que procuré. Que fué un oficio real, viendo que no hay nadie que medre, sino los que le tienen.

En el cual el día de hoy vivo y resido a servicio de Dios y de vuestra merced. Y es que tengo cargo de pregonar los vinos que en 15
esta ciudad se venden, y en almonedas, y cosas perdidas, acompañar los que padecen persecuciones por justicia y declarar a voces sus delitos: pregonero, hablando en buen romance.

Háme sucedido tan bien, y yo le he usado tan fácilmente, que casi todas las cosas al oficio tocantes pasan por mi mano. Tanto, 20
que en toda la ciudad el que ha de echar vino a vender o algo, si Lázaro de Tormes no entiende en ello, hacen cuenta de no sacar provecho.

En este tiempo, viendo mi habilidad y buen vivir, teniendo noticia de mi persona, el señor Arcipreste de San Salvador, mi 25
señor, y servidor y amigo de vuestra merced, porque le pregonaba sus vinos, procuró casarme con una criada suya. Y visto por mí que de tal persona no podía venir sino bien y favor, acordé de lo hacer.

9. provechosa. Modifies both *camino* and *manera*.
12. oficio real. The lowest ranking position except only for that of the hangman.
17. padecen ... justicia. See note for line 13, page 5.

Y así me casé con ella, y hasta agora no estoy arrepentido. Porque, allende de ser buena hija y diligente, servicial, tengo en mi señor arcipreste todo favor y ayuda. Y siempre en el año le da en veces al pie de una carga de trigo, por las pascuas su carne, y cuando el par de los bodigos, las calzas viejas que deja. E hízonos alquilar una casilla par de la suya. Los domingos y fiestas casi todas las comíamos en su casa.

Mas malas lenguas, que nunca faltaron ni faltarán, no nos dejan vivir, diciendo no sé qué, y sí sé, que ven a mi mujer irle a hacer la cama, y guisarle de comer. Y mejor les ayude Dios que ellos dicen la verdad.

Porque, allende de no ser ella mujer que se pague destas burlas, mi señor me ha prometido lo que pienso cumplirá. Que él me habló un día muy largo delante della, y me dijo:

—Lázaro de Tormes, quien ha de mirar a dichos de malas lenguas, nunca medrará. Digo esto porque no me maravillaría alguno, viendo entrar en mi casa a tu mujer y salir della. Ella entra muy a tu honra y suya, y esto te lo prometo. Por tanto, no mires a lo que pueden decir; sino a lo que te toca, digo a tu provecho.

—Señor,—le dije—yo determiné de arrimarme a los buenos. Verdad es que algunos de mis amigos me han dicho algo deso, y aun, por más de tres veces me han certificado que, antes que comigo casase, había parido tres veces, hablando con reverencia de vuestra merced, porque está ella delante.

Entonces mi mujer echó juramentos sobre sí, que yo pensé la casa se hundiera con nosotros. Y después tomóse a llorar y a echar maldiciones sobre quien comigo la había casado. En tal manera que quisiera ser muerto, antes que se me hubiera soltado aquella palabra de la boca. Mas yo de un cabo, y mi señor de otro, tanto le dijimos y otorgamos que cesó su llanto, con juramento, que le hice, de nunca más en mi vida mentarle nada de aquello, y que yo holgaba y había por bien de que ella entrase y saliese, de noche y de día, pues estaba bien seguro de su bondad. Y así quedamos todos tres bien conformes.

Hasta el día de hoy nunca nadie nos oyó sobre el caso; antes, cuando alguno siento que quiere decir algo della, le atajo y le digo:

3–5. le da ... deja: *he gives her from time to time about one load of wheat, meat on feast days, and now and then a couple of the wheaten loaves, and the old hose he has discarded.*
6. las. Refers to both *domingos* and *fiestas*.

—Mira, si sois mi amigo, no me digáis cosa con que me pese, que no tengo por mi amigo al que me hace pesar. Mayormente, si me quieren meter mal con mi mujer. Que es la cosa del mundo que yo más quiero, y la amo más que a mí. Y me hace Dios con ella mil mercedes y más bien que yo merezco. Que yo juraré sobre la 5 hostia consagrada que es tan buena mujer como vive dentro de las puertas de Toledo. Y quien otra cosa me dijere, yo me mataré con él.

Desta manera no me dicen nada, y yo tengo paz en mi casa.

Esto fué el mismo año que nuestro victorioso emperador en esta 10 insigne ciudad de Toledo entró y tuvo en ella cortes, y se hicieron grandes regocijos y fiestas, como vuestra merced habrá oído.

Pues en este tiempo estaba en mi prosperidad, y en la cumbre de toda buena fortuna.

7–8. **dijere.** Future subjunctive; translate as present tense. **yo me . . . él:** *I will fight him.*
10. **año.** Either 1525 or 1538, probably the former.

SELECT BIBLIOGRAPHY

Editions

Vida de Lazarillo de Tormes (ed. R. Foulché-Delbosc), *Biblioteca hispánica*, Vol. III, Madrid-New York, 1900.

Vida de Lazrillo de Tormes (ed. A. Bonilla y San Martín), *Clásicos de la literatura española*, Madrid, 1915.

Vida de Lazrillo de Tormes (ed. H. J. Chaytor), London-New York, 1922.

Vida de Lazarillo de Tormes (ed. J. Cejador y Frauca), *Clásicos castellanos*, 4ª ed., Madrid, 1941.

Vida de Lazarillo de Tormes (ed. A. Valbuena Prat), México y Madrid, 1956.

El Lazarillo de Tormes (edición facsímile, Enrique Moreno Báez), Cieza, 1959.

Vida de Lazarillo de Tormes (ed. R. O. Jones), Manchester, 1963.

Vida de Lazarillo de Tormes (ed. José Caso González), Madrid, 1967.

English Translations

The Life of Lazarillo de Tormes (translated by Louis How, with an introduction and notes by C. P. Wagner), New York, 1917.

The Life of Lazarillo de Tormes; his Fortunes and Adversities (translated by J. G. Markley, with an introduction by A. G. Holaday), New York, 1954.

Lazarillo de Tormes (translated by Mack Hendricks Singleton), in A. Flores' *Masterpieces of the Spanish Golden Age*, New York, 1957.

The Life of Lazarillo de Tormes (translated by Harriet de Onís), Great Neck, New York, 1958.

The Life of Lazarillo of Tormes: His Fortunes and Misfortunes, as told by himself (translated with introduction by Robert S. Rudder. With a Sequel by Juan de Luna, translated by Robert S. Rudder with Carmen Criado de Rodríguez-Puértolas), New York, 1973.

General Studies of the Genre

Alter, Robert, *The Rogue's Progress: Studies in the Picaresque Novel*, Cambridge, Mass., 1964.

Alziator, Francesco, *Picaro e folklore, ed altri saggi di storia delle tradizioni popolari*, Firenze, 1959.

Bataillon, Marcel, *Le roman picaresque*, Paris, 1931.

Beberfall, L., "The Pícaro in Context," *Hisp.*, 37 (1954), 288–92.

Carilla, Emilio, "La novela picaresca española," *Universidad*, 30 (1955), 319–35.

Chandler, F. W., *Romances of Roguery*, London-New York, 1899.

———, *The Literature of Roguery*, 2 vols., New York, 1907; reprinted 1958.

De Haan, F., *An Outline of the History of the "Novela Picaresca" in Spain*, New York-The Hague, 1903.

García López, José, *La novela picaresca*, Barcelona, 1946.

Grass, Roland, "Morality in the Picaresque Novel," *Hisp.*, 42 (1959), 192–98.

Guillén, Claudio, "Toward a Definition of the Picaresque," in *Proceedings of the IIIrd Congress of the International Comparative Literature Association*, The Hague, 1962, pp. 252–66.

Laurenti, Joseph L., *Los prólogos en las novelas picarescas españolas*, Madrid, 1971.

Lázaro Carreter, Fernando, "Para una revisión del concepto 'novela picaresca,'" in *Actas del Tercer Congreso de la Asociación Internacional de Hispanistas*, Mexico, 1970, pp. 27–45.

Miller, Stuart, *The Picaresque Novel*, Cleveland, 1967.

Monte, Alberto del, *Itinerario del romanzo picaresco spagnolo*, Firenze, 1957.

Parker, A. A., *Literature and the Delinquent: The Picaresque Novel in Spain and Europe 1599–1753*, Edinburgh, 1967.

Rico, Francisco, *La novela picaresca española*, Barcelona, 1967.

——, *La novela picaresca y el punto de vista*, Barcelona, 1970.

Roland, A., "La psicología de la novela picaresca," *Hisp.* 36 (1953), 423–26.

Valbuena Prat, Angel, *La novela picaresca española*, 3ª ed., Madrid, 1956.

Wicks, Ulrich, "The Nature of Picaresque Narrative: A Modal Approach," *PMLA*, 89 (1974), 240–49.

Critical Studies on the *Lazarillo*

Abrams, Fred, "Hurtado de Mendoza's Concealed Signature in the *Lazarillo de Tormes*," *RomN*, 15 (1973), 341–45.

Aguado-Andrent, Salvador, *Algunas observaciones sobre el "Lazarillo de Tormes,"* Guatemala, 1965.

Alonso, Dámaso, "El realismo psicológico en el *Lazarillo*," in *De los siglos oscuros al de oro*, Madrid, 1958.

Asensio, Manuel J., "La intención religiosa del *Lazarillo de Tormes* y Juan de Valdés," *HR*, 27 (1959), 78–102.

——, "Más sobre el *Lazarillo de Tormes*," *HR*, 28 (1960), 245–50.

Ayala, Francisco, "El *Lazarillo*: Nuevo examen de algunos aspectos," *CA*, 150 (1967), 209–35.

Bataillon, Marcel, *El sentido del "Lazarillo de Tormes,"* Paris, 1954.

——, *Novedad y fecundidad del "Lazarillo de Tormes,"* New York, 1968.

Baumann, Peter, "Der *Lazarillo de Tormes*: eine Travestie der Augustinishchen *Confessiones?*," *RJ*, 10 (1959), 285–91.

Borel, Jean-Paul, "La literatura y nosotros (otra manera de leer el *Lazarillo de Tormes*)", *Revista de occidente*, V, no. 46 (1967).

Carilla, Emilio, "Cuatro notas sobre el *Lazarillo*," *RFE*, 43 (1960), 113–20.

Castillo, Homero, "El comportamiento de *Lazarillo de Tormes*," *Hisp.*, 33 (1950), 304–10.

Gatti, José F., *Introducción al "Lazarillo de Tormes,"* Buenos Aires, 1968.

Gillet, Joseph G., "A Note on the *Lazarillo de Tormes*," *MLN*, 55 (1940), 130–34.

Gilman, Stephen, "The Death of *Lazarillo de Tormes*," *PMLA*, 81 (1966), 149–66.

Guillén, Claudio, "La disposición temporal del *Lazarillo de Tormes*," *HR*, 25 (1957), 264–79.

Hesse, Everett W., "The *Lazarillo de Tormes* and the Playing of a Role, *KRQ*, 22 (1975), 61–76.

Hutman, Norma Louise, "Universality and Unity in the *Lazarillo de Tormes*," *PMLA*, 76 (1961), 469–73.

Jaén, Didier T., "La ambigüedad moral del *Lazarillo de Tormes*," *PMLA*, 83 (1968), 130–34.

Jauss, Hans Robert, "Ursprung und Bedeutung der *Ich-Form* im *Lazarillo de Tormes*," *RJ*, 8 (1957), 290–311.

Keller, Daniel S., "*Lazarillo de Tormes*, 1554–1954: An Analytical Bibliography of Twelve Recent Studies," *Hisp.*, 37 (1954), 453–56.

Kruse, Margot, "Die parodistischen Elemente in *Lazarillo de Tormes*," *RJ*, 10 (1959), 297–300.

Lázaro Carreter, Fernando, "*Lazarillo de Tormes*" *en la picaresca*, Barcelona, 1972.

————, "La ficción autobiográfica en el *Lazarillo de Tormes*," in *Litterae Hispanae et Lusitanae*, Munich, 1968, pp. 195–213.

————, "Construcción y sentido del *Lazarillo de Tormes*," in *Abaco*, estudios sobre literatura española, I, Madrid, 1969, pp. 45–134.

Lovett, Gabriel H., "*Lazarillo de Tormes* in Russia," *MLJ*, 36 (1954), 166–74.

Macaya Lahmann, E., *Bibliografía del "Lazarillo de Tormes*," San José, 1935.

McGrady, Donald L., "Social Irony in the *Lazarillo de Tormes* and Its Implication for Authorship," *RPh*, 23 (1970), 557–68.

Maldonado de Guevara, F., *Interpretación del "Lazarillo de Tormes*," Madrid, 1957.

Márquez Villanueva, Francisco, "Sebastián de Horozco y el *Lazarillo de Tormes*," *RFE*, 41 (1957), 253–339.

Morreale, Margherita, "Reflejos de la vida española en el *Lazarillo*," *Clavileño*, 5 (1955), 28–31.

Pérez, Louis C., "On Laughter in the *Lazarillo de Tormes*," *Hisp.*, 43 (1960), 529–33.

Piper, Anson C., "The 'Breadly Paradise' of Lazarillo de Tormes," *Hisp.*, 44 (1961), 269–71.

Rand, Marguerite C., "*Lazarillo de Tormes*, Classic and Contemporary," *Hisp.*, 44 (1961), 222–29.

Rico, Francisco, "Problemas del *Lazarillo*," *BRAE*, 46 (1966), 277–96.

Rossi, Natale, "Sulla datazione del *Lazarillo de Tormes*," in *Studi di Letteratura spagnola*, Facoltà di Magisterio e di Lettere dell' Universita di Roma, Rome, 1966, pp. 169–180.

Rumeau, A., "*Le 'Lazarillo de Tormes'*": *Essai d'interprétation. Essai d'atribution*, Paris, 1964.

Selig, Karl-Ludwig, "Concerning Gogol's *Dead Souls* and *Lazarillo de Tormes*," *Symposium*, 8 (1954), 138–40.

Sicroff, A. A., "Sobre el estilo del *Lazarillo de Tormes*," *NRFH*, 11 (1957), 157–70.

Siebenmann, Gustaf, *Über Sprache und Stil im "Lazarillo de Tormes*," Bern, 1953.

Tarr, F. Courtney, "Literary and Artistic Unity in the *Lazarillo de Tormes*," *PMLA*, 42 (1927), 404–21.

Wardropper, Bruce W., "El trastorno de la moral en el *Lazarillo*," *NRFH*, 15 (1961), 441–47.

Weiner, Jack, "Una incongruencia en el terver tartado de El *Lazarillo de Tormes:* Lázaro y el escudero en el río," *RomN*, 12 (Spring, 1971), 419–21.

Willis, Raymond S., "Lazarillo and the Pardoner: The Artistic Necessity of the Fifth Tractado," *HR*, 27 (1959), 267–79.

VOCABULARY

Of the following classes of words only those needing special definition are included: easily recognizable cognates; articles; personal pronouns; possessive adjectives and pronouns; cardinal numbers; common diminutives; and adverbs in –*mente* and adjectives in –*ísimo* when the corresponding adjectives are given.

a, *to, in, on, for, with, at, from, by;* accusative *a,* not translated.
abajar, *to descend, diminish, lower.*
abajo, *down, downstairs.*
abalanzarse, *to charge.*
abierto, –a, *open.*
ablandar, *to soften.*
aborrecer, *to abhor, hate, scorn.*
abrazar(se), *to embrace, cling to.*
abreviar, *to abbreviate, shorten.*
abrigo, m., *shelter, support, protection.*
abrir, *to open.*
abstinencia, f., *abstinence, want.*
abundante, *abundant, prosperous.*
acá, *here;* después –, *thereafter, since then.*
acabar, *to finish;* –se, *to finish, be over;* – de, *to finish; to have just.*
acaecer, *to befall, happen.*
acaso: por –, *perchance;* por si –, *if by chance.*
aceite, m., *oil.*
acemilero, m., *muleteer.*
aceña, f., *water mill.*
aceptar, *to accept.*
acerca de, *about.*
acercar(se), *to draw near, approach.*
acero, m., *steel;* pl., *temper (of steel), edges.*
acertar, *to succeed.*
acoger(se), *to seek shelter, betake oneself; receive.*
acogida, f., *welcome, reception.*
acometer, *to attack.*
acompañar, *to accompany.*
acordar, *to agree, resolve;* –se (de), *to recall, remember, resolve.*
acostarse, *to go to bed, lie down.*
acostumbrado, –a, *customary.*
acostumbrar, *to be accustomed, be in the habit of.*
acreedor, m., *creditor.*
acudir, *to hasten, come running to.*
acuerdo, m., *recollection;* volver en su –, *to regain one's senses.*

acullá, *there;* de aquí y –, *everywhere.*
achacar, *to attribute.*
achaque, m., *pretext, excuse;* en – de, *under pretext of.*
adelante, *forward, hence, ahead, farther on;* de aquí (en) –, de allí (en) –, *henceforth, thence;* desde (allí) en –, *thenceforth, from this point on.*
además, *moreover;* – de, *besides.*
adestrar, *to guide, lead.*
adobar, *to mend.*
adonde, *where;* adónde, *where?*
adorar, *to adore, worship.*
adquirir, *to acquire, amass.*
adrede, *purposely, intentionally.*
adversidad, f., *adversity, misfortune.*
adverso, –a, *adverse, unfavorable.*
afilado, –a, *sharp, pointed.*
afirmar, *to make firm; become firm.*
aflicción, f., *affliction, grief, sorrow.*
afligido, –a, *afflicted, grievous.*
afrentar(se), *to attack*
afuera, *outside.*
agora = ahora, *now;* por –, *for the present.*
agradar, *to please.*
agradecer, *to thank, be grateful.*
agua, f., *water;* – bendita, *holy water.*
aguamanos, m., *water (for washing the hands).*
agudo, –a, *acute, sharp, subtle.*
águila, f., *eagle, "wizard."*
agujero, m., *hole.*
agujeta, f., *leather string.*
ahí, *there, here; then.*
ahogar(se), *to choke.*
ahondar, *to go deep, penetrate.*
ahorcar, *to hang.*
ahorrar, *to save, save up;* – de, *to be rid of, put an end to.*
aína, *quickly.*
aire, m., *air.*
ajeno, –a, *strange, another's.*
al (a + el), *to the;* with inf., *on, upon.*

alabanza, f., *praise.*
alabar, *to praise;* –se, *to boast.*
Alarcos. Proper noun.
alargar, *to defer.*
alcanzar, *to reach, attain, be capable of, grasp, catch; amount to.*
aldaba, f., *bar (of a door);* echar la – , *to drop the bar.*
aldea, f., *village, hamlet.*
alegar, *to maintain.*
alegre, *cheerful, happy.*
alegría, f., *joy, glee.*
Alejandro Magno, *Alexander the Great* (personifying generosity).
alentar, *to encourage, urge on;* –se, *to be encouraged.*
alfamar, m., *cover, bedding.*
algo, *something, anything, somewhat;* en – , *in any way.*
algodón, m., *cotton.*
alguacil, m., *constable, bailiff.*
alguien, *someone, anyone.*
algún, alguno, –a, *some, any, at all; somebody;* alguno que, *whoever.*
alhajas: – de casa, *house furnishings.*
aliento, m., *keenness, desire.*
alma, f., *soul.*
almodrote, m., *garlic sauce.*
almohaza, f., *currycomb.*
almoneda, f., *auction.*
Almorox. A town near Toledo.
almorzar, *to have lunch, have breakfast.*
alquilar, *to rent;* –se, *to be rented out.*
alquiler, m., *rent.*
alrededor, *around;* m., pl., *surroundings.*
alteración, f., *upset condition, sickness, fright.*
alterado, –a, *disturbed.*
alterar, *to anger, enrage, upset;* –se, *to become angry.*
alto, –a, *high, upper, loud; noble;* lo – de la casa, *the top floor;* lo más –, *the deepest part.*
alumbrar, *to light, illuminate, inspire.*
alzar, *to raise, lift, remove.*
allá, *there, thither;* por – fuera, *outside.*
allende de, *besides.*
allí, *there; then;* de – en adelante, *thenceforth.*
amagar, *to feign; hide; proffer.*
amar, *to love.*
amargo, –a, *bitter.*
amasar, *to knead.*

ambos, *both.*
amenaza, f., *threat.*
amicísimo, –a de, *most friendly to, very fond of.*
amigo, m., *friend.*
amistad, f., *friendship;* hacer las –es, *to be friends again;* tener – con, *to be friends with.*
amo, m., *master;* el señor mi –, *my worthy master.*
amor, m., *love;* por – de Dios, *out of charity.*
ancho, –a, *wide.*
andar, *to walk, go, travel, traverse, go about; continue, be;* – fuera, *to gad about;* anda con Dios, *God go with you.*
andas, f., pl., *stretcher, litter.*
anexar, *to annex, acquire.*
angosto, –a, *narrow.*
anhelar, *to seek, desire, long for.*
ánima, f., *soul.*
animar, *to encourage, urge; cheer up.*
aniquilar, *to annihilate; depreciate, reduce.*
anoche, *last night.*
anochecer, *to become dark.*
ante, *before.*
anterior, *anterior, preceding.*
antes, *before; rather, on the contrary;* – de, – que, *before.*
antiguo, –a, *former; old.*
Antoña. Proper noun.
Antonio. Famous swordmaker of Toledo.
añadir, *to add.*
año, m., *year;* en el –, *within the year.*
aparecer, *to appear.*
aparejar, *to prepare, have ready.*
aparejo, m., *occasion, opportunity; scheme; apparatus, tools.*
apartar, *to remove, separate.*
apenas, *scarcely, hardly.*
aprender, *to learn.*
apretar, *to press (together), squeeze, tighten.*
aprovechar, *to be of avail, benefit;* –se (de), *to make use of, take advantage of.*
apuro, m., *trouble, trial, tribulation, predicament.*
aquejar, *to oppress, afflict, distress.*
aquel, aquella, –os, –as, *that, those.*
aquél, aquélla, –os, –as, *that one, those; the former.*
aquello, *that;* con –, *therewith, because of that.*

aqueste, –a, this (one); aquesta noche, tonight; aquesto, this

aquí, here; — arriba, up there.

arañar, to scratch.

arca, f., chest.

arcaz, m., chest.

arcipreste, m., archpriest.

Arcos. Proper noun.

argolla, f., large ring.

arma, f., weapon.

armada, f., armada, expedition.

armar, to make ready; be on the watch; set (a trap).

armario, m., cupboard.

arpar, to tear, rend, scratch, claw.

arquetón, m., huge chest.

arreglar, to arrange, set up.

arremeter(se), to throw (oneself) forward.

arrepentido, –a, repentant.

arrepentimiento, m., repentance.

arrepentirse, to repent.

arriba, up, upstairs; aquí –, up there.

arrimarse, to lean against, join; pin one's faith to.

arroyo, m., stream, pool, gutter.

arruinar, to ruin, force into bankruptcy.

arte, f., art; breeding; craftiness, trick.

artífice, m., artisan, mechanic.

artificio, m., artifice, prank, trick.

asa, f., handle.

asador, m., spit.

asalto, m., assault, attack.

asar, to roast.

asaz, enough.

asco, m., nausea; poner –, to nauseate.

asegurado, –a, assured, safe.

asegurarse (de), to make sure of.

asentar, to settle, set; soften, appease; –se con, to enter the service of; sit down.

así, thus, so also; — que, and so; — . . . como, as much . . . as, both . . . and; — . . . que, both . . . and.

asiento, m., seat; situation, job; hacer –, to settle.

asir, to seize, grasp.

asno, m., ass, donkey.

astucia, f., astuteness, cleverness.

astuto, –a, astute, clever.

atajar, to cut short.

atapar, to cover.

atar, to tie, fasten.

atentar, to touch.

atestar, to stuff.

atraer, to attract.

atrás, back; before; — de, behind; para –, backwards; — que, in addition to.

atravesar, to cross.

atreverse, to dare; trust.

auditorio, m., audience, congregation.

aumentar(se), to increase, grow larger.

aun, aún, even, yet, still.

aunque, although, even if.

auxilio, m., help, aid.

avariento, –a, avaricious, miserly.

averiguar, to ascertain, make out.

avisar, to advise; look about, sharpen.

aviso, m., notice, hint; care; sobre –, on guard.

avivar, to sharpen, brighten, quicken.

ayer, yesterday.

ayuda, f., aid, help.

ayudar, to aid, help; –se con, to make use of.

ayuntamiento, m., town council.

azogue, m., quicksilver.

azotar, to whip, lash, flog.

azote, m., lash.

bailar, to dance.

bajar, to come down, descend.

bajo, –a, low, base; adv., under; aquí –, here below.

balde: de–, free, gratis.

ballena, f., whale.

banco, m., bench.

banquete, m., banquet, feast; hacer –, to have a feast.

barreno, m., gimlet.

barrer, to sweep.

bastante, enough, sufficient; quite, sufficiently.

bastar, to suffice, be enough.

beber, to drink.

bellaco, m., rogue.

bendición, f., blessing.

bendito, –a, blessed, holy; — (sea) Dios, blessed be God.

berza, f., cabbage.

besar, to kiss; — las manos, to be one's humble servant.

beso, m., kiss.

bestia, f., beast, animal.

bien, well, good, very; indeed, surely; por –, willingly.

bien, m., benefit, good, goods, solace; –es, property; mis –es, my good points.

bienaventurado, –a, blessed, lucky.

bienhechor, m., *benefactor.*
birrete, m., *cap.*
blanca, f., *old copper coin, farthing.*
blanco, –a, *white, blank;* m., *white.*
blando, –a, *soft, flabby.*
boca, f., *mouth; opening.*
bocado, m., *mouthful, bite, morsel.*
bodigo, m., *holy bread (offered by parishioners in memory of deceased relatives).*
bolsa, f., *purse.*
bolsilla, f., *small purse.*
bondad, f., *goodness, kindness, good, virtue.*
bonete, m., *bonnet, cap.*
bonito, –a, *pretty, handsome.*
bramar, *to roar.*
brazo, m., *arm.*
brevedad, f., *brevity, shortness.*
brincar, *to jump, leap; throw* [a child] *up and down, play with.*
brujo, m., *sorcerer;* el – de mi amo, *my fiendish master.*
buen(o), –a, *good, well, fine.*
bula, f., *papal bull, indulgence.*
buldero, m., *seller of indulgences.*
burla, f., *jest, joke;* hacer –s, *to play tricks;* caer en la –, *to become aware of the trick.*
burlador, m., *mocker, trickster, swindler.*
burlar, *to play a joke, joke;* por –, *for a joke.*
buscar, *to look for, seek, get;* – prestado, *to borrow.*

caballeriza, f., *stable.*
caballero, m., *gentleman, knight, squire;* –s de media talla, *lesser nobles.*
caballo, m., *horse.*
cabe, *near.*
cabecera, f., *head of bed.*
cabello, m., *hair.*
caber, *to be contained in; fall to the lot of.*
cabeza, f., *head;* – de lobo, *cat's-paw.*
cabo, m., *end, tail, side; quarter, district;* al – (de), *at the end* (of); – de, *near.*
cabrón, m., *goat.*
cada, *each;* – cual, *each one.*
caer, *to fall, be caught;* – en la cuenta, *to see the point;* – en la burla, *to become aware of the trick;* – en gracia, *to please;* – con, *to come upon.*
calabaza, f., *pumpkin, gourd.*
calabazada, f., *blow on the head.*
calderero, m., *coppersmith.*

caldero, m., *caldron, kettle.*
caldo, m., *broth.*
calentar, *to warm, heat, keep warm.*
calidad, f., *quality, sort.*
caliente, *warm, hot.*
calofrío, m., *chill, fever.*
calor, m., *warmth, heat.*
calzas, f., pl., *breeches.*
callado, –a, *quiet, gentle.*
callar(se), *to be silent, pass over in silence.*
calle, f., *street;* – abajo, *down the street;* – arriba, *up the street.*
cama, f., *bed.*
cámara, f., *chamber, room, parlor.*
camarero, m., *valet.*
camareta, f., *small room.*
cambiar, *to change.*
cambio, m., *change, exchange;* en –, *on the other hand.*
camino, m., *road, journey, way.*
camisa, f., *shirt.*
canastillo, m., *small basket.*
candado, m., *padlock.*
candela, f., *candle.*
canónigo, m., *canon.*
cantar, *to chant, sing.*
cántaro, m., *pitcher, jug.*
caña, f., *reed.*
cañizo, m., *reed, framework.*
cañuto, m., *cane, tube;* de – era, *was a tube.*
capa, f., *cape.*
capaz, *capable.*
capear, *to steal* (one's cloak).
capellán, m., *chaplain.*
capuz, m., *(hooded) cloak.*
cara, f., *face.*
carcomido, –a, *worm-eaten.*
cardenal, m., *black and blue mark.*
carecer de, *to lack, want.*
carga, f., *load.*
cargar (de), *to charge, load* (with); *rest; swarm.*
cargo, m., *charge, job;* con – de, *serving as;* ser en –, *to be indebted;* hacerse –, *to bear in mind;* tener a–, *to be in charge of.*
caridad, f., *charity.*
carne, f., *meat, flesh.*
carnero, m., *mutton.*
caro, –a, *dear.*
carpintero, m., *carpenter.*
carrera, f., *career;* la – de vivir, *the business of life.*

64

casa, f., *house, home.*
casar(se), *to marry, get married.*
casco, m., *skull.*
casi, *almost.*
caso, m., *case, matter, situation, instance;* en − de, *in the matter of;* puesto −, *since.*
casta, f., *breed.*
castigar, *to chastise, punish.*
castigo, m., *punishment.*
Castilla la Vieja, *Old Castile.*
casualidad, f., *chance.*
catarse, *to investigate, examine.*
caudal, m., *capital, fortune.*
causa, f., *cause, reason;* a − de, *because of.*
cazador, m., *hunter.*
cazar, *to chase, drive out, catch, hunt.*
cebada, f., *barley.*
cebo, m., *bait.*
cebolla, f., *onion.*
cegar, *to blind.*
cenar, *to sup, have supper.*
centenario, m., *hundred (lashes).*
centeno, m., *rye.*
ceñir, *to gird.*
cera, f., *wax.*
cerca (de), *near, about.*
cercano, −a, *near, approaching.*
cercenar, *to pare, shear, clip.*
cerrar, *to close, lock;* − la noche, *to grow dark.*
certificar, *to assure.*
cesar, *to cease, stop.*
cesto, m., *basket; basket-bearer.*
ciego, −a, *blind;* m., *blind man.*
cielo, m., *sky, heaven.*
cien(to), *one hundred;* ciento y tantos (−as), *one hundred odd.*
cierto, −a, *certain, sure(ly);* por −, *surely, indeed, to be sure.*
cinta, f., *girdle, belt.*
ciudad, f., *city.*
claro, −a, *clear;* clara, *clearly.*
clase, f., *class, caste, station.*
clavar, *to nail up, board up.*
clavazón, f., *nail work.*
clavo, m., *nail.*
clerecía, f., *priesthood.*
clérigo, m., *cleric, priest.*
cobardía, f., *cowardice, cowardly act.*
cobrar, *to charge, collect; cover.*
cocer, *to bake, boil, cook.*
coco, m., *bogeyman, bugaboo.*

cofradía, f., *brotherhood (in charge of the collection and distribution of charity).*
coger, *to seize, take, gather in, catch, grab, pluck.*
cogote, m., *back of head, neck.*
cojear, *to limp;* de qué pie cojeaba, *what ailed him.*
colación, f., *collation, dessert.*
colchón, m., *mattress.*
colgar, *to hang.*
colodrillo, m., *back of the head.*
comarcano, −a, *neighboring.*
combatirse, *to fight.*
comedido, −a, *moderate.*
comedirse, *to be kind (enough), be civil.*
Comendador, m., *Commander (in certain military or religious orders).*
comenzar, *to commence, begin.*
comer, *to eat; have dinner;* el −, *the food;* −se, *to eat up;* no hay que−, *there is nothing to eat;* dar de −, *to feed;* de −, *something to eat.*
comida, f., *food, meal.*
comigo = conmigo, *with me; toward me;* di −, *I landed.*
comisario, m., *commissioner.*
como, *as, like, since; when, as long as, provided;* de − esto, *as for this.*
cómo, *how? what? how! well, well!*
compadecer, *to pity.*
compañía, f., *company, household.*
compás, m., *bearing, carriage.*
compasar, *to measure out.*
componer, *to repair, mend.*
comprar, *to buy.*
comprender, *to understand.*
comunicar, *to communicate, transmit.*
con, *with, to, by;* con que, *that, so*
conciencia, f., *conscience;* reformar la −, *to still the conscience.*
concierto, m., *agreement, pact.*
concha, f., *bowl, shell.*
concheta, f., *little shell.*
conde, m., *count.*
confesar, *to confess, admit.*
confianza, f., *confidence.*
confiar, *to trust.*
conformar(se), *to conform, be equal.*
congoja, f., *trouble, affliction.*
conocer, *to know, recognize, realize.*
conocimiento, m., *acquaintance;* tener −, *to be acquainted.*
conquistador, m., *conqueror.*

consagrado, −a, consecrated.
consejo, m., counsel, advice.
consentir, to grant, accord.
conserva, f., preserve.
consideración, f., reasoning, reflection, observation, supposition.
considerar, to consider, reflect, resolve.
consigo, with himself, toward himself.
consiguiente, resulting.
consolarse, to console oneself, comfort oneself.
constituido, −a, written.
consuelo, m., consolation, comfort.
contadero: tan por −, so well counted.
contado, −a, measured.
contar, to tell, relate; count, recount, reckon, calculate.
contemplación, f., contemplation, meditation.
contemplar, to contemplate.
contentar, to please; −se, to be satisfied.
contento, −a, content(ed); m., pleasure, satisfaction; a su −, to his pleasure.
contestar, to reply, answer.
contienda, f., quarrel, fight.
continencia, f., reserve, dignity.
continente, m., carriage, bearing, air, expression, countenance; teetotaler.
continuo, −a, continuous(ly); straightway.
contra, against.
contrahecho, −a, counterfeited.
contraminar, to counteract, foil, outwit, work against.
contrario, −a, contrary, adverse, unfavorable; por el −, on the contrary; al −, on the contrary.
conveniente, convenient, appropriate, suitable, practical.
convenir, to behoove, befit, be necessary.
convento, m., monastery, convent.
conversación, f., conversation, commerce.
convertir, to convert, change; −se, to be converted, be changed.
convidar, to invite, treat.
convite, m., invitation.
copo, m., flake, puff.
coraje, m., anger, wrath.
coraza, f., cuirass.
corazón, m., heart, courage.
cornada, f., old copper coin; butting.
coro, m., choir, chorus; de −, by memory.
correr, to run, chase; a todo −, at top speed.
corrida, f., running; de la −, for a running start.

cortar, to cut.
corte, f., court; −s, Spanish Parliament.
corteza, f., rind; −s, pieces of rind.
cosa, f., thing, matter, affair; otra −, anything else.
coscorrón, m., bump on the head.
cosecha, f., harvest; de su −, of his own invention.
coser, to sew.
cosilla, little thing, small bit, trifle.
costa, f., cost, expense.
costado, m., flank, side.
costal, m., sack, bag.
costanilla, f., slope.
costar, to cost; − mucho, to require a great deal of effort; − caro, to pay dearly.
costilla, f., rib.
costoso, −a, costly, expensive.
costumbre, f., custom, habit, manner, mannerism; como de −, as usual.
costura, f., seam.
cotidiano, −a, daily.
coz, f., kick.
crear, to create.
crecer, to grow, increase.
crédito, m., credence, belief.
credo, m., creed, en un (dos) −(s), in a jiffy.
creer, to believe, think; − de, to trust.
criada, f., servant.
criado, −a, raised, bred, mannered; m., servant.
crianza, f., rearing, upbringing.
criar, to raise, breed, foster, create, stimulate, bring up.
criatura, f., baby, child.
cristiano, −a, Christian.
cruz, f., cross.
cruzar, to cross.
cuadrar, to fit, suit, please.
cual, which, like, as; cada −, each one; tal −, such as.
cual (el, la, lo), which, who(m); it, he, him, she, her; this; por lo−, wherefore.
cuales (los, las), which.
cualquier(a), whichever, whatever, any; un −, a nobody.
cuán, how.
cuando, when, now and then; de − en −, from time to time.
cuanto, all, all that, which; as much (as), so long; en −, as soon as, while; en − a, as for; − más . . . más, the more . . . the more; − que, somewhat.

cuánto, *how much; –s, how many, all those who (which);* a –, *how far.*

cuantos, *all those who (which).*

cuarto, –a, *fourth.*

Cuatro Calles. Proper noun.

cuchillo, m., *knife.*

Cuéllar. Proper noun.

cuenta, f., *count, account; bead;* echar la –, *to cast up the account;* caer en la–, *to see the point;* hacerse – de, *to realize;* hacer – de, *to try to, reckon, realize;* tener por –, *to have counted, reckon.*

cuento, m., *tale, story.*

cuerdo, –a, *prudent, wise, clever.*

cuerpo, m., *body, corpse.*

cuidado, m., *care, worry;* tener –, *to take care;* pierda –, *do not worry.*

cuita, f., *mishap.*

cuitado, –a, *careworn, miserable.*

culebra, f., *snake.*

culebro, m., *snake.*

culpa, f., *guilt, blame.*

culpado, m., *culprit.*

cumbre, f., *top, height, summit.*

cumplidísimo, –a, *very large, huge.*

cumplir, *to fulfill, grant, complete, end; behoove; be important;* – el deseo, *to satisfy the desire;* – con, *to comply with.*

cuna, f., *cradle.*

cura, m., *curate, priest.*

curar, *to cure, treat, take care of, care.*

cuyo, –a, *whose.*

chasco, m., *disappointment, trick;* dar un –, *to play a trick.*

chaza, f., *point (in the game of pelota).*

chupar, *to suck.*

dado: estar – al diablo con, *to be devilish at.*

dama, f., *lady.*

daño, m., *harm, injury.*

dar, *to give, hand over; cause; hit, strike;* – al diablo, *to curse;* – tropezón, *to slip up;* – lugar, *to give room;* – mucho que hacer, *to keep busy;* – con, *to come upon, strike, land, throw, betake onself;* – en, *to strike; get into, hit upon;* – de comer, *to feed;* – de pie y de mano, *to give blows with hands and feet;* – a entender, *to show, reveal, make clear;* – fin, *to end;* – voces, *to shout;* – prisa a, *to hurry, speed;* – por, *to declare;* – paso, *to take a step;* – un salto, *to jump;* – golpe, *to hit;* – tan gran golpe, *to hit so hard;* – salto, *to rob.*

de, *of, by, for, to, from, at, with, among, on; than;* – que, *as soon as, when.*

debajo (de), *under(neath).*

deber, *ought, should, must; owe;* – de, *can, must; probably;* m., *duty.*

decente, *respectable, fair.*

decidir(se), *to decide.*

decir, *to say, tell, ask, mention; mean;* querer –, *to mean;* por mejor –, *to put it better;* dije para mí, *I said to myself;* – que sí, *to say yes.*

dedo, m., *finger.*

defender, *to defend;* –se, *to defend oneself, withstand.*

dejar, *to let, leave, abandon;* – a (con la) vida, *to spare;* – de, *to fail, omit; refrain;* – caer, *to drop, let out.*

del = de + el, *of the, of it, about.*

dél = de + él, *of him, by him.*

delante (de), *before, in front of; present.*

deleitar, *to delight, entertain.*

delgado, –a, *thin, tiny.*

delicadamente, *delicately, daintily, neatly.*

delicado, –a, *delicate.*

delincuente, m., *culprit.*

delito, m., *crime.*

della(s) = de + ella(s), *from it, (them), of it, (them).*

dello = de + ello, *by it, of it.*

dellos = de + ellos, *of them.*

demanda, f., *demand, request, accusation;* negar la –, *to deny the claim* (legal term).

demandar, *to ask, beg; indulge; to beg again.*

demás, *rest;* por lo –, *for the rest;* por –, *superfluous.*

demediar, *to share (even); help; be half over.*

demonio, m., *demon, devil.*

dende, *within, in;* – en adelante, *thenceforth;* – a, *after.*

dentre = de + entre, *from between.*

dentro (de), *within, in, inside;* por de –, *on the inside.*

derecho, –a, *right, direct, straight, genuine;* más de su –, *more than it ought to go;* – de, *in front of;* m., *fee.*

derramar, *to scatter.*

derretir, *to melt.*

derribado, –a, *razed, dilapidated.*

derribar, *to throw back.*

desamar, *to dislike, hate.*

desamparar, *to abandon, leave unsheltered, let go of.*

desaparecer, *to disappear.*
desaparecimiento, m., *disappearance.*
desaprovechado, –a, *unavailing, unprofitable.*
desastrado, –a, *ill-fated.*
desastre, m., *disaster, misfortune, disgraceful action.*
desatar, *to untie, unfasten.*
desatentadamente, *unconsideringly, injudiciously.*
desatinar, *to daze.*
desayunarse, *to breakfast, break fast.*
desbocado, –a, *mouthless, neckless.*
descalabrar, *to break one's head, beat soundly, bruise.*
descansar, *to rest.*
descanso, m., *rest, respite, relief.*
descargar, *to discharge.*
descender, *to descend, go down.*
descontentar, *to displease.*
descontento, m., *displeasure, disgust, discontentment.*
descoser, *to rip open.*
descubrir, *to discover, reveal, disclose.*
descuidado, –a, *carefree.*
descuidarse, *to be careless, be negligent, be off one's guard, be at one's ease.*
desde, *from;* — que, *since, as soon as;* — a cuatro días, *four days after.*
desdicha, f., *misfortune, ill luck.*
desdichado, –a, *unfortunate, luckless.*
desear, *to desire, wish, want.*
desechar, *to reject, cast away, lay aside.*
desembarazado, –a, *unencumbered, empty.*
desembarazarse, *to get rid of, free oneself.*
desengañar, *to undeceive, set aright.*
desenvoltísimo, –a, *very smooth.*
desenvolver, *to unfold.*
desenvuelto, –a, *unrestrained, bold.*
deseo, m., *desire;* cumplir con el –, *to satisfy the desire;* a mi –, *as I desired.*
desesperado, –a, *desperate, despondent.*
desgraciado, –a, *unfortunate.*
desgranar, *to fall apart.*
desherrar, *to unshoe.*
deshonrar, *to insult.*
deshora: a –, *in an unseasonable hour, suddenly, unexpectedly.*
desistir (de), *to take leave of.*
desmandarse, *to indulge oneself, commit an excess, be impertinent.*
desmayado, –a, *unconscious;* caer –, *to faint;* m., *unconscious man.*
desmayo, m., *swoon, fainting spell.*

desmesuradamente, *beyond measure.*
desmigajar, *to break off crumbs.*
desnudo, –a, *bare, naked.*
deso = de + eso.
despacio, *slowly.*
despachar, *to despatch, finish.*
despedida, f., *departure, dismissal.*
despedir, *to dispense, sell; say goodby.*
despensa, f., *pantry.*
despertar, *to awake, wake up.*
despidiente, m., *farewell.*
después, *after, afterward, later; since;* — (que) (de), *after;* — acá, *thereafter, since then.*
desque, *after, when.*
desta = de + esta, *in this, of this;* — manera, *in this manner, thus, so;* destas, *from them, of these.*
destajo, m., *job.*
destapar, *to unstop, open.*
deste = de + este, *from this;* destos, *from these, of them.*
desterrar, *to banish, exile.*
destiento, m., *surprise; sudden intrusion.*
destilar, *to distill, drip.*
desto = de + esto, *of this, from this.*
destruir, *to destroy, ruin.*
desvelado, –a, *sleepless, awake.*
desventurado, –a, *unfortunate, calamitous, miserable.*
desvergonzado, –a, *shameless, impudent.*
detener(se), *to stay, stop; detain oneself.*
determinar, *to determine, decide.*
detestable, *detestable, unworthy.*
detrás (de), *behind.*
deuda, f., *debt.*
devolver, *to return, give back.*
devota, f., *devotee.*
devoto, –a, *devout.*
día, m., *day;* de –, *by day;* — de hoy, *nowadays;* otro –, *the next day;* medio–, *noon;* ocho –s, *a week;* a los quince –s, *after a fortnight;* hoy –, *nowadays;* luego otro –, *the very next day.*
diablo, m., *devil;* el – del (de la), *the deuced.*
dicha, f., *fortune, luck;* si a –, *by good luck.*
dicho, –a, *aforesaid, said, mentioned;* en — y hecho, *in word and deed;* m., *remark.*
diente, m., *tooth.*
diestro, –a, *dexterous, skilful.*
dieta, f., *diet.*
diez, *ten;* — y seis, *sixteen.*

68

diferenciar, *to differ.*
diferir, *to differ, be different.*
difunto, m., *deceased.*
digno, –a, *worthy, deserving.*
diligencia, f., *diligence, industry, feat, assiduity, care.*
diligente, *diligent, active.*
dinero, m., *money.*
Dios, *God;* bendito sea –, *praised be God;* O gran –, *great heavens;* por –, *by Jove;* in *God's name;* anda con –, *God go with you, goodby.*
directa(mente), *directly.*
directe, *directly.*
discantar, *to sing, comment;* – donaires, *to crack jokes.*
discípulo, m., *disciple, pupil.*
discreto, –a, *discreet, prudent, clever, wise, just.*
discurrir, *to wander; reason.*
disimuladamente, *stealthily, secretly.*
disimular, *to dissemble, conceal, pretend, overlook.*
disposición, f., *disposition, readiness; air;* en –, *disposed, ready.*
diverso, –a, *diverse, different.*
divino, –a, *divine, religious.*
divulgar, *to divulge, spread.*
do = donde, *where.*
doblar, *to fold.*
doblez, m., *fold, crease, wrinkle.*
dolor, m., *pain.*
domingo, m., *Sunday.*
don, m., A title of respect, used only before Christian names.
donaire, m., *grace, wit, witticism, witty remark.*
donde, dónde, *where.*
donoso, –a, *amusing.*
dormido, –a, *asleep;* hacer del –, *to pretend to be asleep.*
dormir, *to sleep;* – a sueño suelto, *to sleep soundly.*
dos, *two;* las – manos, *both hands;* – a –, de – en –, *two by two.*
doscientos (as), *two hundred.*
duda, f., *doubt.*
dueño, m., *master, owner.*
dulce, *sweet.*
dulzura, f., *gallantry, "sweet nothings."*
duque, m., *duke.*
durante, *during.*
durar, *to endure, last, hold out.*

durazno, m., *freestone peach.*
duro, –a, *hard, hard-hearted;* m., *niggard.*

e, *and.*
echacuervo, m., *swindler.*
echado, –a, *lying.*
echador, m., *seller.*
echar, *to throw, cast; to extend; to exhale; to attribute; pour; get rid of; to sell;* – la culpa, *to blame;* – algo, *to reproach for something;* – a mal, *to condemn; to discard;* – a vender, *to put on sale;* – mano, *to seize;* – a, *to begin;* – de ver, *to notice;* – cuenta, *to figure out, calculate;* – la cuenta, *to cast up the account;* – por otra calle, *to turn into another street;* –se, *to lie down;* –selas de, *to assume an air of;* – mano a, *to put one's hand into.*
edificado, –a, *constructed, built.*
efecto, m., *effect, result.*
ejecutar, *to execute, enforce.*
elevado, –a, *high, noble; excited, distracted.*
embargar, *to attach.*
embargo, m., *attachment;* sin –, *however, nevertheless.*
emperador, m., *emperor.*
empezar, *to begin.*
emplastado, –a, *plastered up, bandaged.*
emplear, *to employ, use, spend;* bien se le emplea, *it serves him right.*
en, *in, at, to, by, against, for, into;* – qué, *how.*
encaminar, *to direct, refer, guide; be on one's way.*
encantado, –a, *enchanted.*
encarecer, *to praise, extol, eulogize.*
encargado, –a, *charged, entrusted;* estar –, *to be in charge.*
encender, *to kindle, fire;* –se, *to fight.*
encerrar, *to enclose, hold, contain.*
encima, *on top (of), over, on.*
encomendar, *to commend, entrust, charge, urge.*
encontrar, *to find, meet;* – con, *to meet.*
endemoniado, –a, *possessed of the devil.*
endiablado, –a, *devilish, wicked.*
enemigo, m., *enemy.*
enemistad, f., *enmity, hatred;* haber –, *to hate.*
enfermar, *to cause to be ill.*
enfermedad, f., *infirmity, sickness, illness, ailment.*
enfermo, –a, *sick, feeble.*

enfrente (de), *opposite.*
engañar, *to deceive, defraud.*
engaño, m., *deceit, fraud.*
engendrar, *to beget.*
enhoramala, *in an evil hour;* mucho de –, *confound you.*
enjalma, f., *saddle, pad.*
enjuto, –a, *dry;* lo más –, *the dryest part.*
enojado, –a, *angry.*
enojo, m., *anger.*
ensalmar, *to be a healer (through prayers and invocations).*
ensalzar, *to exalt.*
ensangostarse, *to contract, become narrow.*
ensayar, *to attempt, undertake.*
ensayo, m., *rehearsal, "show."*
enseñar, *to teach, instruct.*
ensilado, –a, *stored away.*
entender, *to understand;* – en, *to attend to;* dar a –, *to show, reveal, make clear.*
entendimiento, m., *understanding.*
enterado, –a, *informed, familiar, acquainted.*
enterarse (de), *to find out.*
enternecido, –a, *softened.*
entero, –a, *entire, whole, complete.*
enterrar, *to bury.*
entonces, *then.*
entrada, f., *entrance.*
entrar (en), *to enter.*
entre, *between, amidst, among;* – mí, *to myself.*
entrecuesto, m., *spine.*
entregar, *to hand over, pay.*
enviar, *to send.*
envolverse, *to wrap oneself.*
erguido, –a, *erect.*
errar, *to err, be mistaken, make a mistake.*
escala, f., *ladder, scale.*
escalofrío, m., *fever, chill.*
escalón, m., *scale, step.*
Escalona. A town in the province of Toledo.
escapar, *to escape.*
escarbar, *to scrape, pick, rumble.*
esclavo, m., *slave.*
escobajo, m., *stem.*
escoger, *to choose.*
esconder, *to hide.*
escribano, m., *notary.*
escribir, *to write.*
escudero, m., *squire.*
escudillar, *to dish out.*
esencia, f., *essence.*
esforzado, –a, *strong, vigorous; diligent.*

esforzar, *to reassure;* –se, *to make an effort, try hard, exert oneself.*
esfuerzo, m., *effort.*
esgrimidor, m., *fencer.*
eso, *that;* por –, *therefore;* con todo –, *therefore.*
espacio, m., *space, blank;* de –, *slowly.*
espada, f., *sword.*
espantar, *to frighten, scare;* –se, *to be astounded.*
espanto, m., *fright;* poner –, *to frighten.*
español, m., *Spanish.*
especialmente, *especially, particularly.*
esperanza, f., *hope.*
esperar, *to hope, expect, await, wait for, trust.*
espíritu, m., *spirit.*
Espíritu Santo, *Holy Ghost.*
espumajo, m., *froth;* echar –s, *to froth.*
estación, f., *season.*
estada, f., *stay, sojourn.*
estado, m., *state condition; manner; station, lineage; fathom;* caer de su –, *to fall in one's tracks, lose one's footing, fall full length.*
estar, *to be;* – a punto de, *to be on the point of;* está bien, *all right;* estando así, *hereupon;* estando en esto, *hereupon;* –se así, *to go on the same way.*
estéril, *sterile, unfruitful.*
estilo, m., *style;* tener por – de, *to be in the habit of.*
estirado, –a, *stretched out, erect, long.*
esto, *this;* por –, *for this reason;* con –, *thereupon;* en –, *hereupon;* sin –, *besides;* con todo –, *hereupon; nevertheless;* a todo –, *hereupon, during all this;* y –, *and this (should be borne in mind).*
estómago, m., *stomach.*
estorbar, *to disturb, interfere with.*
estotro, –a, *this other (one).*
estrecharse, *to become narrow.*
estrecho, –a, *narrow;* m., *strait.*
estruendo, m., *noise.*
estudiante, m., *student.*
evangelio, m., *gospel.*
evitar, *to avoid.*
excomunión, f., *excommunication.*
excusa, f., *excuse, apology;* poner –s, *to make excuses.*
experiencia, f., *experiment.*
extenso: por –, *extensively, in detail.*
extranjero, m., *stranger.*
extremo, –a, *extreme;* m., *end.*

fácilmente, *easily, deftly.*
faisán, m., *pheasant.*
falda, f., *skirt.*
falsario, m., *falsifier, forger, swindler.*
falsedad, f., *falsehood, forgery.*
falso, -a, *false, treacherous.*
falsopecto, m., *breast pocket.*
falta, f., *lack, shortage;* hacer —, *to lack, need;* a — de, *in the absence of, for lack of.*
faltar, *to lack, fail, be lacking.*
fallecer, *to pass away, die.*
fantasía, f., *fancy, imagination, conceit.*
fardel, m., *bag, knapsack.*
fatiga, f., *hardship.*
fatigarse, *to exert oneself, be concerned.*
favor, m., *favor, advantage, support.*
favorecer, *to favor, patronize.*
fe, f., *faith, religion;* (a) mi —, *upon my faith, upon my word;* dar —, *to give a certified account.*
feligrés, m., *parishioner.*
fenecer, *to pass away, die, end.*
fiarse, *to trust;* — de, *to trust, have confidence in.*
fiel, *faithful.*
fiero, -a, *fierce, violent.*
fiesta, f., *festival, celebration, holiday; fun.*
figura, f., *figure, shape.*
fin, m., *end, purpose;* en —, *in short;* dar —, *to end;* por —, *finally;* al — de, *at the end of;* al —, *at last.*
finalmente, *finally, in short.*
finar, *to die.*
fingir, *to feign, pretend, claim.*
flaco, -a, *weak, feeble.*
flaqueza, f., *weakness, feebleness.*
flaquísimo, -a, *very weak, very feeble.*
flojedad, f., *weakness; negligence; faint-hearted act.*
forma, f., *form, shape, manner, mode.*
formar, *to form.*
fortuna, f., *fortune, fate, risk.*
forzar, *to force, oblige.*
fraile, m., *friar.*
Francia, *France.*
frazada, f., *blanket.*
frecuentar, *to frequent, visit often.*
fresco, -a, *cool.*
frío, -a, *cold;* haber —, *to be cold;* en —, *chilled;* m., *cold.*
frisar, *to frizzle.*
fruto, m., *fruit, profit.*
fuego, m., *fire.*

fuente, f., *fountain, drain.*
fuentecilla, f., *little drain.*
fuera, *outside;* — de, *out of;* andar —, *to gad about;* por allá —, *outside.*
fuerte, *strong.*
fuerza, f., *force, strength, might, vigor;* por —, *under compulsion.*
Fulano: el señor don —, *the distinguished Mr. So- and- So.*
furia, f., *fury.*
fustán, m., *fustian.*

gala, f., *holiday attire;* —s, *"special treats."*
Galeno. Noted Greek physician (born A.D. 130).
galgo, m., *greyhound.*
gallofero, m., *vagabond, beggar, "sponger."*
gana, f., *inclination, desire;* tener mala —, *to be reluctant;* entrar la —, *to get the desire;* poner —, *to arouse a desire.*
ganancia, f., *profit, income.*
ganar, *to gain, earn;* — por la mano, *to be the first, anticipate;* —se, *to earn.*
garganta, f., *throat, "gullet";* por de mejor —, *as the most abstemious.*
garrotazo, m., *blow with a cudgel, whack.*
garrote, m., *cudgel.*
gastar, *to waste, spend, consume.*
gato, m., *cat; trap.*
Gelves. An island near the North African coast.
gente, f., *people;* — de servicio, *servants.*
gentil, *genteel, graceful, "highfalutin."*
gesto, m., *face, grimace.*
gloria, f., *glory, heaven.*
glotón, m., *glutton.*
golilla, f., *gorge, throat, gullet.*
golosina, f., *titbit; gluttony.*
golosinear, *to gorge (dainties).*
goloso, -a, *gluttonous, greedy.*
golpe, m., *blow.*
golpecillo, m., *gentle blow.*
González. Proper noun.
gota, f., *drop.*
gozar, *to enjoy.*
gozo, m., *joy.*
gozoso, -a, *joyful, happy.*
gracia, f., *grace, charm; favor; joke;* caer en —, *to please;* dar —s, *to thank, give thanks.*
gracioso, -a, *funny.*
grado, m., *step, estate; degree.*
gragea, f., *small bonbon.*
gran(de), *big, large, great; loud.*
grosero, -a, *crude, gross.*

grueso, –a, *stout, big, fat.*
guarda, f., *ward (of a key); defense.*
guardar, *to keep, guard, observe;* –se de, *to guard against.*
guerra, f., *war;* dar — a, *to wage war on.*
guiar, *to guide.*
guisar, *to cook;* — de comer, *to cook meals.*
gusano, m., *worm.*
gustar, *to enjoy.*
gusto, m., *taste, diversion, pleasure.*

haber, *to have; to be; be the matter with;* — de, *to be to, must, can; about to;* — de que, *to be good reason.*
habilidad, f., *ability, skill.*
hábito, m., *habit, robe; guise.*
hablar, *to speak;* — en, *to talk about;* — muy largo, *to speak a long time.*
hacer, *to make, do, cause, have;* — San Juan, *to change residences, move;* — el maravillado, *to act as if surprised;* — oración, *to offer a prayer;* — saber, *to inform;* — juego, *to play a game;* — juego con, *to play a trick on;* — saltos, *to pilfer;* — del, *to pretend (to be);* — cuenta, *to realize;* — perdidas, *to pretend to be lost;* –se, *to stage;* — menos, *to take away.*
hacia, *toward, in the direction of.*
hacienda, f., *estate, property, household, belongings;* contar su —, *to give an account of one's affairs.*
hado(s), m., *fate, destiny.*
hallar, *to find.*
hambre, f., *hunger.*
hambriento, –a, *hungry, starved.*
hartar(se), *to have enough, have one's fill, gorge (oneself).*
harto, –a, *enough, much, many, full;* adv., *very.*
hartura, f., *satiety, plenty.*
hasta, *until, even, up to;* el de — aquí, *the present one* (remedio); — hoy día, *till this very day;* — que, *until.*
hay, *there is (are).*
hazaña, f., *deed, act, prank.*
hecho, m., *deed.*
hecho, *p.p. of* hacer; –a, *accustomed to;* —, — a, *changed into;* mal hechas, *awkward.*
hélos, *behold them.*
héme, *behold me.*
hender, *to split, break.*
heredar, *to inherit.*

herida, f., *wound.*
herir, *to strike, wound.*
hermanico, m., *little brother.*
hermoso, –a, *beautiful.*
herradura, f., *horseshoe.*
herrero, m., *blacksmith.*
hidalgo, m., *nobleman.*
hideputa. A word having the force of "rascal" in the 16th century.
hierba, f., *herb, grass.*
hierro, m., *iron.*
hija, f., *daughter, girl.*
hijo, m., *son.*
hilandera, f., *spinner.*
hincar, *to thrust in;* — se de rodillas, *to kneel down.*
hocico, m., *snout;* –s, *face, "mug."*
holgar(se), *to enjoy (oneself), be delighted.*
hombre, m., *man, one;* — de justicia, *bailiff;* — de bien, *respectable person, gentleman;* gentil —, *aristocratic-looking man.*
hombro, m., *shoulder.*
hondo, –a, *deep.*
honra, f., *honor; exaggerated pride.*
honradamente, *respectably.*
honrado, –a, *honest, honorable.*
hora, f., *hour; time; point.*
horca, f., *string (of onions).*
hostia, f., *host.*
hoy, *today;* hasta —, *to this day;* hasta — día, *till this very day;* de — en adelante, *henceforth;* — día, *nowadays;* de — más, *from today on;* día de —, *nowadays.*
hueco, –a, *hollow.*
huelgo, m., *breath.*
huérfano, m., *orphan.*
huerta, f., *vegetable garden.*
huesecillo, m., *little bone.*
hueso, m., *bone.*
huésped, m., *guest, boarder.*
huevo, m., *egg.*
huir, *to flee, run away.*
humanidad, f., *humanity, human race.*
humano, –a, *human.*
humero, m., *chimney.*
humilde, *humble, modest.*
hundir(se), *to sink.*
hurtar, *to steal, rob.*
hurto, m., *theft.*

iglesia, f., *church;* — mayor, *cathedral.*
ignorar, *to be ignorant of, not know.*
igual, m., *equal, peer.*

imán, m., *lodestone, magnet;* piedra —, *magnet.*
importar, *to be of importance.*
importunidad, f., *importunity, annoyance.*
inclinado, –a, *inclined, bent, crossed.*
indirecte, *indirectly.*
indulgencia, f., *indulgence, pardon.*
industriar, *to produce, engineer.*
industrioso, –a, *industrious, tricky.*
infinito, –a, *infinite, endless.*
informarse, *to get information, find out.*
ingenio, m., *mind, talent, wit, cleverness.*
inglés, m., *English.*
injuria, f., *insult, injury.*
injurioso, –a, *insulting.*
injustamente, *unjustly.*
injusticia, f., *injustice.*
inocencia, f., *innocence.*
inocente, *innocent;* m., *innocent fellow, fool.*
inquietud, f., *concern, worry.*
insigne, *illustrious.*
instante, m., *instant, moment.*
instituido, –a, *schooled.*
intención, f., *intention, plan, purpose.*
invención, f., *invention, trick.*
inventario, m., *inventory.*
inventivo, –a, *inventive, ingenious.*
invierno, m., *winter.*
invocar, *to invoke, call upon.*
ir, *to go; run; be;* — grande, *to run full;* — a la mano, *to stop;* –se, *to go away, escape;* –se con Dios, *goodby.*
ira, f., *wrath.*
izquierdo, –a, *left.*

jaez, m., *stamp, kind.*
jamás, *ever, never.*
jarrazo, m., *blow with a jug.*
jarrillo, m., *small jug.*
jarro, m., *jug.*
jerigonza, f., *jargon, thieves' slang.*
Juan, *John.*
jubón, m., *jacket.*
juego, m., *play, turn, prank, game;* hacer —, *to play a game;* hacer — con, *to play a trick on.*
jugar, *to play, play for.*
juicio, m., *sense, judgment.*
juntar, *to join, combine;* –se, *to assemble, come together.*
junto: en —, *in bulk;* — (a), *next to, near.*
juramento, m., *oath;* echar –s sobre sí, *to swear.*

jurar, *to swear.*
justamente, *justly, rightly.*
justar, *to joust.*
justicia, f., *justice; police;* hombre de —, *bailiff;* por —, *legal.*
justo, –a, *just, real, right.*
labrado: bien —, *fine, well constructed.*
lacerado, –a, *wretched;* — de mí, *wretched me;* m., *wretch.*
laceria, f., *misery; pittance; poverty;* alguna —, *a little something.*
lado, m., *side.*
ladrón, m., *thief, robber.*
lágrima, f., *tear.*
lamentar, *to lament, wail;* –se, *to complain.*
lana, f., *wool.*
lance, m., *turn.*
lanza, f., *lance.*
lanzar, *to throw, hurl, expel.*
lanzón, m., *lance.*
largo, –a, *long.*
larguillo, –a, *rather long.*
lástima, f., *pity;* haber (tener) — (de), *to take pity (on);* dar —, *to inspire pity.*
lastimado, –a, *pitiful.*
latín, m., *Latin.*
lavar, *to wash.*
lavatorio, m., *washing, ablution.*
Lazarillo. Diminutive of *Lázaro; a blind man's guide.*
Lázaro. Lazarus. Cf. Luke, XVI, 20ff. (The name connotes misery and suffering).
leal, *loyal, faithful.*
leche, f., *milk.*
lecho, m., *bed, litter.*
lechuga, f., *head of lettuce.*
leer, *to read.*
legua, f., *league.*
lengua, f., *tongue.*
leña, f., *wood, firewood.*
leño, m., *log, faggot.*
letanía, f., *litany.*
letras, f., pl., *letters, literature.*
levantado, –a, *aroused; up (out of bed).*
levantar, *to lift;* –se, *to get up;* — testimonio, *to testify (falsely).*
ley, f., *law.*
liberalidad, f., *liberality, generosity.*
libra, f., *pound.*
librar, *to free, deliver; pay off.*
libre, *free, innocent, exempt.*
libro, m., *book.*

licor, m., *liquor, liquid.*
lienzo, m., *linen.*
ligeramente, *lightly, deftly.*
lima, f., *lime.*
limitado, –a, *limited, frugal.*
limosna, f., *alms;* en –, *for alms.*
limosnero, –a, *charitable.*
limpiamente, *cleanly, neatly.*
limpiar, *to clean.*
limpieza, f., *cleanliness.*
limpio, –a, *clean.*
lo, *the;* pron., *it, so;* por – que, *because.*
loar, *to praise.*
lobo, m., *wolf.*
lóbrego, –a, *lugubrious, dismal, gloomy.*
lodo, m., *mud.*
lograr, *to obtain, attain.*
longaniza, f., *sausage.*
luego, *immediately, at once, soon, later;* – que, *as soon as;* – otro día, *the very next day.*
luengo, –a, *long.*
lugar, m., *place; village, town;* dar –, *to give occasion, provide opportunity;* en – de, *in place of, instead of;* tener –, *to have the opportunity.*
lumbre, f., *fire, light.*
luto, m., *mourning.*
luz, f., *light; guide.*

llagado, –a, *sore, slashed.*
llamar, *to call;* –se, *to be named.*
llanto, m., *wailing, tears.*
llave, f., *key;* tras –, *under lock and key;* cerrada con –, *locked.*
llegar(se), *to arrive, arrive in, come; bring near, put near, approach; reach.*
llenar, *to fill, fill in.*
lleno, –a, (de), *full; covered with.*
llevar(se), *to take, take along, bear, suffer, lead, get; remove, carry away, raise;* – razón, *to be right.*
llorar, *to lament, bewail, weep, weep at.*
llover, *to rain.*
lluvia, f., *rain.*

Macías. A Galician poet of the 14th century (traditionally known as the perfect lover).
madera, f., *wood.*
madre, f., *mother.*
maduro, –a, *ripe.*
maestra, f., *teacher.*
maestro, m., *master, teacher.*

Magdalena. A parish in Salamanca.
Magno. See Alejandro.
majestad, f., *majesty.*
mal, m., *harm, evil, ailment, sin, trouble;* echar a –, *to condemn, discard;* por –, *unwillingly.*
malaventurado, –a, *miserable.*
maldad, f., *wickedness.*
maldecir, *to curse.*
maldición, f., *curse, malediction.*
maldito, –a, *confounded, cursed.*
maleficio, m., *evil deed, crime.*
malicia, f., *malice, maliciousness.*
malicioso, –a, *malicious.*
malilla, f., *manille.* A card term corresponding to "joker."
mal(o), *bad(ly), wicked, ugly, evil, ill;* estar –, *to be ill;* de – en peor, *from bad to worse;* por –, *unwillingly.*
malsinar, *to slander.*
maltratado, –a, *roughly handled, abused; in pain.*
maltratar, *to mistreat.*
malvado, –a, *ill-fated;* m., *rascal, wretch.*
mamar, *to suck, imbibe.*
mancilla, f., *spot, stain, blemish.*
mandado, m., *order, command.*
mandamiento, m., *order.*
mandar, *to send, order, command.*
mandil, m., *apron.*
mando, m., *order, command.*
manera, f., *manner, way;* de esta –, *thus, in this manner;* de aquella –, *in that manner;* de otra –, *otherwise;* de (en) tal –, *in such manner;* de – que, *so (that);* por – que, *therefore.*
manga, f., *sleeve, wallet.*
manifestarse, *to become manifest.*
manifiesto, –a, *manifest.*
manjar, m., *dish, food.*
mano, f., *hand.*
mansamente, *gently.*
manta, f., *blanket.*
mantel, m., *tablecloth.*
mantener, *to maintain, support, keep.*
mantenimiento, m., *maintenance.*
maña, f., *skill, trick, artifice;* darse buena –, *to make good use of one's wits.*
mañana, *tomorrow;* de –, *in the morning, early;* f., *morning.*
mañanica: a las –s, *in the very early morning.*
mañoso, –a, *crafty.*

Maqueda. A town northwest of Toledo.
maravedí, m. Old Spanish coin.
maravilla, f., *marvel;* a las mil -s, *marvelously well.*
maravillado: hacer el —, *to act as if surprised.*
maravillarse, *to marvel.*
maravillosamente, *marvelously, wonderfully.*
marco, m., *mark* (coin).
marido, m., *husband.*
marras: de —, *of bygone days.*
mas, *but.*
más, *more, most;* lo —, *the most;* nunca —, *no more;* — de que, *but when;* cuanto —, *the more.*
mascado, -a, *chewed.*
matador, m., *killer, slayer, assassin.*
matar, *to kill;* — de hambre, *to starve;* —se, *to kill each other; exert oneself.*
mayor, *greater, greatest; principal;* m., *superior;* al por —, *wholesale, in bulk.*
mayordomo, m., *steward, manager.*
mayormente, *especially.*
medicina, f., *medicine, cure.*
medida: mi boca era —, *my belly was full.*
medio, m., *middle; means;* por — de, *through the middle of; by means of.*
medio, -a, *half;* — día, *noon.*
medra, f., *prosperity, success;* mala — tenéis, *you will thrive ill.*
medrar, *to prosper.*
mejor, *better, best;* en lo —, *in the best part.*
mejorar, *to improve.*
mejoría, f., *improvement.*
melocotón, m., *clingstone peach.*
memoria, f., *memory, mind.*
mendrugo, m., *crumb.*
menear, *to stir, move.*
meneo, m., *movement, sway.*
menester, *need, purpose; trade;* ser —, *to be necessary;* haber —, *to need.*
menos, *less, least; except;* a — que, *unless;* a lo —, por lo —, *at least;* echar de —, *to miss;* hacer —, *to take away.*
mentar, *to mention.*
mentir, *to lie.*
mentiroso, -a, *false.*
menudo, -a, *small, minute;* a —, *often.*
mercar, *to buy.*
merced, f., *mercy, grace, favor; worship;* hacer —, *to be merciful.*
merecer, *to deserve, merit.*
merienda, f., *light lunch.*

mérito, m., *merit, worth.*
mes, m., *month.*
mesa, f., *table;* poner la —, *to set the table.*
mesón, m., *inn, tavern.*
mesonera, f., *proprietress of an inn, "landlady."*
meter, *to place, put, put in, take;* —se a, *to begin to;* —se por, *to enter;* —se en casa, *to enter the house;* — mal con, *to set at odds with.*
mezquindad, f., *niggardliness.*
mezquino, -a, *niggardly, miserly.*
miedo, m., *fear;* con —, *fearfully;* tener (haber) —, *to be afraid, fear.*
mientras (que), *while.*
migaja, f., *crumb.*
milagro, m., *miracle.*
mirar, *to look, look at, consider;* — en, *to pay attention to, take notice of;* — por, *to look after, examine.*
misa, f., *mass.*
miseria, f., *misery.*
mísero, -a, *miserly, mean;* el — de mí, *my miserly.*
mismo, -a, *same; very; self.*
mitad, f., *half;* en la —, *by half.*
modo, m., *manner, way.*
mofador, m., *mocker.*
mojar, *to wet.*
moler, *to grind.*
molestia, f., *trouble.*
molienda, f., *milling, grinding.*
molinero, m., *miller.*
moneda, f., *coin.*
montero, m., *hunter.*
morador, m., *occupant, tenant.*
morar, *to dwell.*
morder, *to bite.*
moreno, -a, *brown, dark.*
morir, *to die;* — por, *to long for.*
moro, m., *Moor.*
mortuorio, m., *funeral.*
mosquito, m., *gnat.*
mosto, m., *must, juice.*
mostrar, *to show, prove, teach;* —se, *to show oneself, prove;* — buen semblante, *to put on a good face.*
motivo, m., *motive, object.*
moza, f., *girl; maid-servant.*
mozo, m., *boy; man-servant;* — de caballos, *stable boy.*
mozuelo, m., *young lad;* buen —, *quite grown-up.*

muchacho, m., *boy.*
mucho, −a, *much; greatly, very much;* pl., *many;* tener en −, *to respect.*
mudar, *to change;* − propósito, *to change one's mind.*
muela, f., *(molar) tooth.*
muerte, f., *death.*
muerto, −a, *dead;* m., *corpse.*
mujer, f., *woman, wife.*
mujercilla, f., *woman, wench.*
mula, f., *mule.*
mundo, m., *world;* todo el −, *everybody.*
murciano, −a, *Murcian.*
murmurar, *to mumble; murmur; gossip.*
muy, *very.*

nabo, m., *turnip.*
nacer, *to be born.*
nacido, −a, *born;* m., *mortal.*
nacimiento, m., *birth.*
nada, *nothing, anything; not at all, none.*
nadie, *nobody, no one, anyone.*
naranja, f., *orange.*
nariz, f., *nose.*
natural, m. and f., *native.*
naturaleza, f., *nature.*
necesario, −a, *necessary;* lo −, *what is necessary.*
necesidad, f., *necessity, need.*
necesitar, *to need, be in need of.*
necio, m., *fool, dunce, ninny.*
negar, *to deny;* − la demanda, *to deny the claim* (legal term).
negocio, m., *business, affair.*
negrito, m., *little negro.*
negro, −a, *black; unfortunate, luckless, ill-fated, wretched;* m., *negro.*
ni, *nor, not either; or.*
ningún, ninguno, −a, *none, not any;* pron., *no one.*
niñería, f., *trifle, nonsense.*
niño, m., *child, boy.*
no, *no, not.*
noche, f., *night;* de −, *by night.*
nombre, m., *name.*
nonada, f., *trifle.*
notar, *to note, notice.*
noticia, f., *notice, information, attention;* tener − de, *to notice.*
nuestro, −a, *our.*
nueva(s), f., *news.*
nuevo, −a, *new;* de −, *anew, again.*
nunca, *never.*

o, *or.*
oblada, f., *oblation (funeral offering of bread).*
obligado, −a, *obliged, compelled.*
obligar, *to oblige, compel;* −se, *to undertake.*
obra, f., *work, task, job; composition.*
obscuridad, f., *darkness.*
obscuro, −a, *dark.*
obstáculo, m., *obstacle.*
ocultar, *to hide.*
ocupado, −a, *occupied, busy.*
ocuparse, *to busy oneself, be occupied.*
ofender, *to offend.*
ofertorio, m., *offertory.*
oficial, m., *artisan.*
oficio, m., *occupation, trade, pursuit, office; service.*
ofrecer, *to offer.*
ofrenda, f., *offering.*
oído, m., *ear.*
oír, *to hear, listen.*
ojalá, *would to Heaven.*
ojo, m., *eye.*
oler, *to smell.*
olor, m., *smell.*
olvidar(se), *to forget.*
olvido, m., *forgetfulness, oblivion.*
olla, f., *stew.*
oración, f., *prayer; sentence;* hacer −, *to offer prayer.*
orden, m., *order;* en −, *orderly.*
ordenar, *to ordain.*
ordinario, −a, *ordinary.*
orilla, f., *bank, shore.*
oro, m., *gold.*
osar, *to dare.*
otorgar, *to concede.*
otro, −a, *other, another, next; some one else;* otras tantas, *that many;* otras pocas, *some bits.*
Ovidio, *Ovid* (Latin poet).

padecer, *to suffer.*
padrastro, m., *stepfather.*
padre, m., *father;* pl. *parents.*
pagamento, m., *wages.*
pagar, *to pay;* −se, *to be pleased.*
página, f., *page.*
pago, m., *payment, reward, salary.*
paja, f., *straw;* −s, *straw mattress.*
palabra, f., *word.*
palacio, m., *palace.*
paletoque, m., *cassock.*

palmo, *palm, span.*
palo, m., *stick, staff.*
palomar, m., *pigeon house.*
palomino, m., *pigeon.*
pan, m., *bread, loaf (of bread), wheat.*
panal, *of bread.*
pandero, m., *drum.*
paño, m., *cloth;* — de manos, *towel;* –s de pared, *wall hangings.*
papa, m., *Pope.*
papar, *to absorb, inhale.*
par, m., *pair, couple;* el — de, *a couple of;* — de, *near, close to;* a la —, *at an even pace.*
para, *for, in order to, for the purpose of, about, to, toward;* — que, *in order that;* — con, *by comparison with.*
paraíso, m., *paradise.*
parar, *to stop;* en qué paró, *how it turned out;* –se, *to stop, place oneself.*
parcial, *partial, favorable.*
parecer, *to seem, seem best; appear;* al —, *apparently;* ¿qué te parece? *What is your opinion?* m., *opinion;* a mi —, *in my opinion.*
pared, f., *wall.*
pariente, m., *relative.*
parir, *to give birth, bear.*
parte, f., *part, share, party, side, place;* alguna —, *somewhere;* a una — y a otra, *in all directions;* por la mayor —, *for the most part;* haber —, *to have a share;* ser — para, *to be enough; be capable of.*
partido, *broken (loaf).*
partir, *to depart; to divide, share, cut, remove.*
parto, m., *childbirth, birth-pangs, travail;* de —, *in travail.*
pasado, –a, *past, preceding.*
pasar, *to pass, happen; suffer, go through, experience; pierce; lead;* — por, *to pass up;* –se, *to get along;* –lo, *to get along;* — lo bien (mal), *to have an easy (hard) time of it.*
pascuas, f. pl., *(church) holidays.*
pasearse, *to pace up and down.*
pasión, f., *suffering, illness;* sermón de —, *Holy Week sermon.*
paso, *softly;* m., *pace, step, gait; crossing;* muy a tendido —, *at a long stride;* a buen — tendido, *at a good round pace;* dar —, *to take a step;* dar — a, *to make room for.*

patio, m., *courtyard.*
pausado, –a, *slow.*
paz, f., *peace;* poner en —, *to pacify.*
pecado, m., *sin, evil.*
pecador, –a, *wretched;* m., *sinner;* — de mí, *poor sinner (that I am);* — del ciego, *poor blind sinner.*
pecadora, f., *sinner;* — del arca, *poor chest.*
pecadorcico, m., *little sinner, little rascal.*
pecho, m., *breast, chest;* –s, *breast, chest.*
pedazo, m., *piece.*
pedir, *to ask, request;* — por Dios, *to beg.*
pedrada, f., *throw of a stone;* a –s, *with a hail of stones.*
pegar(se), *to stick, cling; communicate; inflict.*
peinado, –a, *combed.*
peinarse, *to comb one's hair.*
pelado, –a, *skinned, peeled, hairless.*
peligrar, *to endanger;* hacerlas —, *to do them harm.*
peligro, m., *danger.*
peligroso, –a, *dangerous.*
pelillo, m., *idle assistant.*
pelo, m., *fragment.*
pena, f., *pain, grief, trouble; penalty;* tener — de, *to worry about;* so —, *under penalty.*
Penélope. Wife of Ulysses (characters in Homer's *Odyssey*).
pensamiento, m., *thought.*
pensar, *to think, believe, opine; to intend, expect;* — en, *to think about.*
peor, *worse, worst;* de mal en —, *from bad to worse.*
pequeño, –a, *small, little.*
pera, f., *pear.*
perder, *to lose, get rid of;* –se por, *to give one's soul for;* perdido por, *madly fond of.*
pérdidas, f., pl., *losses.*
perdón, m., *pardon.*
perdonar, *to pardon, spare, exempt; overlook.*
perecer, *to perish, die.*
Pérez. Proper noun.
perjuicio, m., *injury, detriment, harm, disadvantage, irreparable loss.*
perjurar, *to forswear.*
permitir, *to permit, allow.*
pero, *but.*
persecución, f., *persecution, suffering, abuse.*
perseguir, *to pursue, persecute.*
persona, f., *person, (one's) self.*
persuadir, *to persuade, induce.*

perverso, -a, *perverse, wicked.*
pesar (de), *to grieve, annoy, cause sorrow;* m., *sorrow;* mal —, *bad work;* a — de, *in spite of.*
pescuezo, m., *neck.*
pesquisa, f., *investigation.*
pesquisar, *to investigate.*
petición, f., *petition.*
picar, *to pick.*
pico, m., *point.*
pie, m., *foot;* en los —s, *on foot;* estar en —, *to stand up, be up;* a — enjuto, *dry-shod;* dar de — y de mano, *to give blows with hands and feet;* ponerse en —, *to stand up,* puesto en —, *at work, on one's feet;* de mal —, *ill-placed, unlucky;* al — de, *close to.*
piedra, f., *stone;* — imán, *magnet.*
pierna, f., *leg.*
pieza, f., *coin; article;* — de a dos, *doubloon.*
pilar, m., *pillar, column.*
pintar, *to paint.*
placer, *to please;* m., *pleasure;* muy a su —, *with great relish (to him).*
planto, m., *uproar.*
plata, f., *silver.*
plática, f., *conversation, chatter.*
plato, m., *plate.*
plaza, f., *public square.*
plazo, m., *period (of time), interval.*
plega, pres. subj. of placer; *may it please.*
plegaria, f., *supplication.*
Plinio. Pliny the Younger, Roman lawyer, orator, and author (A.D. 61–113).
pluguiera, imp. subj. of placer; *would to Heaven.*
pobre, *poor, modest.*
pobrecillo, -a, *very poor; very dim.*
pobreto = pobrete, m., *poor old man.*
pobreza, f., *poverty.*
poco, -a, *little, few;* tener en —, *to scorn;* su —, *a little of it;* (un) —, *a little while;* unos —s de, *some;* — a —, *little by little, gradually;* de — en —, *little by little;* en — de, *ready.*
podenco, m., *hound.*
poder, *to be able, can;* m., *power, strength, ability, faculty; possession, care.*
pompa, f., *ceremony, pomp.*
poner, *to place, put, set, lay, get, apply, contrive, expose, give; put on, assume;* —se a, *to begin, start;* — la mesa, *to set*

the table; — asco, *to nauseate;* — gana, *to arouse a desire.*
por, *for, by, for the sake of, about, in, through, over, as, at, to, in order to;* — lo que, *because.*
porción, f., *portion, allowance.*
porfiado, -a, *stubborn, persistent, relentless.*
porque, *because, for, so that.*
por qué, *why.*
porquerón, m., *bailiff.*
portal, m., *doorway, portico, hall, vestibule;* —es, *arcade.*
posada, f., *inn, tavern, lodging.*
posar, *to lodge.*
posponer, *to postpone, lay aside.*
poste, m., *post.*
postrer(o), -a, *last.*
postura, f., *position; agreement.*
poyo, m., *stone bench.*
preciado, -a, *prized, precious.*
precio, m., *price, value.*
predicador, m., *preacher.*
predicar, *to preach.*
pregón, m., *proclamation.*
pregonar, *to proclaim, cry out.*
pregonero, m., *town crier.*
preguntar, *to ask (a question), to question.*
prender, *to seize, arrest.*
preñada, f., *pregnant woman.*
preñar, *to be pregnant.*
presentado, m., *friar.* The title given to a theological student who is about to receive his degree.
presentar, *to present, offer.*
presente, *present;* al —, *then, at that time;* lo —, *the present affair;* por el —, *at that time.*
preso, p.p. of prender; m., *prisoner.*
prestado, -a, *loaned;* buscar —, *to borrow.*
presto, -a, *ready; sharp;* adv., *quickly, readily; soon;* de —, *quickly.*
presunción, f., *presumptuousness, vanity.*
primer(o), -a, *first.*
principal, *principal;* lo más —, *above all.*
principio, m., *beginning.*
pringada, f., *dripping, basting.*
pringar, *to baste, tar, wound, thrash.*
prisa, f., *hurry;* a gran(de) —, *in a great hurry;* llevar —, *to be in a hurry.*
privado, m., *privy councilor, favorite.*
privar, *to deprive.*
privilegiado, -a, *privileged; exempt.*
probar, *to prove, confirm; try, test, taste; fit.*

procurar, *to try, seek, endeavor, procure.*
profecía, f., *prophecy.*
prójimo, m., *neighbor, fellow being.*
prolijidad, f., *prolixity, diffuseness.*
prolijo, –a, *prolix, diffuse.*
prólogo, m., *prologue.*
prometer, *to promise.*
pronóstico, m., *prognostication, prediction, prophecy.*
propiamente, *properly, correctly.*
propicio, –a, *propitious, favorable, inclined.*
propio, –a, *suitable, appropriate, exact;* al –, *exactly;* a lo –, *exactly.*
propósito, m., *purpose, scheme;* a este –, *in this connection;* a –, *suitable;* mudar –, *to change one's mind.*
prosperidad, f., *prosperity.*
provecho, m., *benefit, profit, advantage.*
provechoso, –a, *profitable.*
proveer, *to provide, look after.*
pueblo, m., *town, village; people.*
puente, m. and f., *bridge.*
puerco, m., *pig.*
puerta, f., *door, gate; open neck;* a estotra –, *try next door;* de – en –, *from door to door.*
puerto, m., *harbor.*
pues, *since, for, well then, now.*
puesto, m., *position, post;* p.p. of poner: *put, placed, turned;* – en la calle, *when I was in the street;* –as las manos, *with his hands clasped;* – (caso) que, *since, although.*
púlpito, m., *pulpit.*
punir, *to punish.*
puntillo, m., *little point, hint.*
punto, m., *point, bit; moment; notch, peg;* un –, *the slightest bit;* a – de, *on the point of;* a –, *ready.*
puñada, f., *blow with the fist.*
puro, –a, *pure, mere, sheer.*

que, *that; but, as, for, since;* pron., *which, that, who, whom, what; than;* el (la, los, las, lo) –, *the one who, those who, which, that;* en –, *how;* con –, *the wherewithal.*
qué, *how, what, which;* en –, *how.*
quebrar, *to break;* – un ojo, *to put out an eye.*
quedar(se), *to remain, be, stay;* – conformes, *to be reconciled.*
quedito, *very quietly.*
quejar(se), *to complain.*

quel = que + el.
querer, *to wish, desire, want, like, will;* – bien, *to love, like;* – mal, *to hate;* – decir, *to mean.*
qués = qué + es.
queso, m., *cheese.*
quicio, m., *hinge.*
quien, –es, *who, one who, he who, whom; those who.*
quién, –es, *who, he who; those who.*
quienquiera, *a nobody.*
quietud, f., *quietness.*
quijada, f., *jaw.*
quince, *fifteen;* a los – días, *after a fortnight;* dende a – días, *(with)in a fortnight.*
quinto, –a, *fifth.*
quitar, *to take from, take away, take off, remove; to let out;* – se, *to take off; to escape;* – de sobre sí, *to take off.*

rabia, f., *rage, wrath.*
rabiar, *to rage, rave.*
rabioso, –a, *furious.*
racimo, m., *bunch (of grapes).*
ración, f., *ration, portion.*
raído, –a, *threadbare.*
raíz, f., *root.*
rascuñado, –a, *scratched, lacerated.*
rato, m., *moment;* gran –, *long while.*
ratón, m., *mouse.*
ratonar, *to gnaw; nibble.*
ratonera, f., *mousetrap.*
rayar, *to cut a thin slice.*
razón, f., *reason;* tener –, *to be right;* de –, *reasonable.*
razonable, *reasonable, logical, nice, pretty good, decent.*
razonamiento, m., *statement, remarks.*
real, *royal.*
real, m., *bit* (coin).
rebajar, *to lower, reduce; to check.*
rebanada, f., *slice of bread.*
rebozado, –a, *veiled.*
recámara, f., *wardrobe.*
recaudo, m., *caution, care;* a tan buen –, *so well closed.*
recelar(se), *to fear.*
recelo, m., *dread, fear.*
reciamente, *firmly, fast.*
recibir, *to receive, accept.*
recio, –a, *strong, hard, vigorous, loud.*
recompensar, *to reward, compensate.*

recordar, *to recall, remember; bring to (one's senses)*.

recorrer, *to run through*.

reformar, *to repair;* — la conciencia, *to still the conscience*.

refrán, m., *refrain, proverb*.

refrescar, *to get the cool air*.

regalar, *to present, make a gift of; treat kindly; give presents*.

registrar, *to examine, search, register*.

regla, f., *rule*.

regladamente, *moderately*.

regocijo, m. *rejoicing*.

rehacer, *to remake, repair, replenish;* — la chaza, *to replay a point in pelota*.

reino, m., *kingdom, land*.

reír(se) (de), *to laugh, laugh at*.

relación, f., *account, information*.

relámpago, m., *lightning*.

relatar, *to relate, narrate*.

reloj, m., *clock*.

remar, *to row*.

remediar, *to remedy, help, relieve, cure*.

remedio, m., *remedy, relief, help, treatment; cure, advantage, scheme;* poner —, *to give help*.

remiendo, m., *patch*.

rendirse, *to yield, surrender*.

renegar, *to curse; to renounce;* — del trato, *to resign the job*.

reñir, *to scold, quarrel*.

repelar, *to pull the hair*.

reposado, –a, *calm, tranquil*.

reposar, *to repose, rest*.

reposo, m., *repose, rest*.

represa: hacer —, *to halt*.

representarse, *to represent to oneself;* –le a uno, *to come to one's mind, present themselves to one again*.

requesta, f., *request; "confab."*

reservar, *to keep;* — a salvo, *to keep safe*.

residir, *to reside, live*.

resonar, *to resound, echo, re-echo*.

resoplido, m., *snort, puff*.

resoplo, m., *breath*.

responder, *to respond, answer*.

respuesta, f., *reply, answer*.

retener, *to retain*.

retraído, m., *fugitive*.

reverencia, f., *reverence*.

reverendas, f., pl., *orders*.

reverendo, m., *reverend*.

revés: al —, *topsy-turvy*.

revolver, *to turn again and again; turn over;* –se, *to roll around*.

rey, m., *king*.

rezar, *to pray*.

rezumar, *to ooze, drain*.

ribera, f., *river bank;* — de, *on the bank of*.

rico, –a, *rich, substantial*.

rifar, *to quarrel*.

rincón, m., *corner*.

río, m., *river*.

risa, f., *laughter*.

risueño, –a, *smiling, cheerful*.

robar, *to rob, deprive of*.

rodilla, f., *knee;* hincarse de –s, *to kneel down;* de –s, *on one's knees*.

rodillazo, m., *kick with the knee*.

roer, *to gnaw*.

rogar, *to beg, pray, beseech, ask*.

romance, m., *vernacular (Spanish)*.

romper, *to break, tear, destroy, wear out*.

roncar, *to snore*.

ropa, f., *clothes, bed-clothes*.

rostro, m., *face*.

roto, –a, *broken*.

rotura, f., *wound*.

ruego, m., *prayer, request*.

ruido, m., *noise*.

ruin, *degrading, desolate, vile, wretched*.

ruindad, f., *wickedness, evil*.

ruinmente, *wretchedly, abominably*.

ruinoso, –a, *bad*.

sábado, m., *Saturday*.

sábana, f., *sheet;* –s de los caballos, *horse covers*.

saber, *to know, know how; taste; learn, find out;* — mal, *to be harmful;* m., *intelligence, knowledge*.

sabor, m., *savor, relish, taste*.

sabroso, –a, *tasty, delicious*.

sacar, *to take out, draw, draw out, extract, derive, get, bring out, push;* — fuerzas de flaqueza, *to pluck up courage*.

sacerdote, m., *priest*.

sacramento, m., *sacrament*.

sacudir, *to shake, brush away*.

saeta, f., *arrow, dart*.

sagacísimo, –a, *very shrewd*.

sagaz, *sagacious, wise*.

Sagra de Toledo. A county near Toledo.

Salamanca. Capital of the province by the same name in northwestern Spain.

saledizo, m., *projecting arch*.

salida, f., *departure, exit.*
salido, –a, *projecting.*
salir (de), *to leave, go out, come (out); turn out (to be).*
salsa, f., *sauce, spice, appetizer, appetite.*
saltar, *to jump, leap.*
salte, m., *jump, leap, robbery,* dar –, *to rob.*
salud, f., *health.*
saludador, m., *quack doctor.*
saludar, *to greet.*
salvado(s), m., *bran.*
salvo, *except, save;* – (en, a), *safely, in safety;* m., *advantage;* a mi –, *without harm to myself.*
sanar, *to cure, heal.*
sangrar, *to bleed.*
sangre, f., *blood.*
sangría, f., *bleeding, gash;* thieves' slang for theft.
San Juan, *Saint John.*
sano, –a, *healthy, recovered, well;* medio –, *but half recovered.*
San Salvador. A parish in Toledo.
santiguarse, *to make the sign of the cross.*
santo, –a, *holy, saintly;* m., *saint.*
sartal, m., *bunch (of keys); string (of beads).*
satisfacer, *to satisfy, recompense.*
satisfecho, –a, *satisfied.*
sayete, m., *doublet, coat;* – de armas, *armor.*
sayo, m., *blouse, coat.*
sazón, f., *season; time;* a la –, *at that time.*
sazonado, –a, *seasoned, spiced.*
seco, –a, *dry.*
secreto, m., *secret, mystery.*
sed, f., *thirst.*
seglar, *secular, worldly.*
seguir, *to follow, continue;* – un oficio, *to hold a job.*
según, *according to, in accordance with, considering, as, for.*
segundo, –a, *second.*
seguro, –a, *safe, sure, safely.*
semana, f., *week;* entre –, *during the week.*
semblante, m., *face, visage.*
sendos, –as, *one for each.*
seno, m., *bosom, chest.*
sentarse, *to sit down.*
sentencia, f., *sentence.*
sentido, m., *sense(s), consciousness, intelligence;* sacar de –, *to leave unconscious;* sin ningún –, *senseless.*
sentimiento, m., *outcry.*

sentir, *to feel, perceive, notice, hear, see through.*
señal, f., *sign, omen.*
señaladamente, *signally, obviously, markedly.*
señalado, –a, *marked, remarkable.*
señalar, *to show, point.*
señor, m., *mister, sir, gentleman, lord;* el – mi amo, *my honorable master;* Señor, *the Lord.*
séptimo, –a, *seventh.*
sepultado, –a, *buried.*
sepultura, f., *sepulcher, tomb, grave.*
ser, *to be, become, happen;* – de, *to belong to; to become of;* – en cargo, *to be indebted;* – parte para, *to be capable of.*
sermón, m., *sermon;* – de pasión, *Holy Week sermon.*
servicial, m., *helper.*
servicio, m., *service, effort;* – de mano, *hand service.*
servidor, m., *servant.*
servir, *to serve;* – para, *to be good for;* –se de, *to make use of;* – de, *to serve as;* hacer – de, *to use.*
seso, m., *brain.*
sexto, –a, *sixth.*
si, *if, whether, unless;* ¡ – . . . !, *how can you!*
sí, *yes; himself, herself, itself, themselves; indeed.*
siempre, *always, ever.*
siguiente, *following, next.*
silbar, *to whistle.*
silbo, m., *hissing.*
silencio, m., *silence;* tener –, *to stop talking.*
silleta, f., *small chair.*
simplemente, *simply, naively.*
simpleza, f., *simple-mindedness, innocence, inexperience.*
sin (que), *without.*
singular, *singular, extraordinary, exquisite, unusual;* m., *singular.*
sino (que), *but.*
sinsabor, m., *disgust, displeasure, annoyance.*
siquiera, *even, at least;* ni –, *not even.*
sisar, *to filch, pilfer.*
so, *under.*
sobrar, *to be excessive, be left over.*
sobre, *on, upon, in addition to, over, at, after;* – todo, *especially;* – lo cual, *whereupon.*
sobredicho, –a, *above-mentioned, aforesaid.*
sobrenombre, m., *surname.*
sobresaltado, –a, *startled, frightened.*
sobresalto, m., *surprise, shock.*

socorrer, *to succor, help.*
soga, f., *rope;* echar la — tras el caldero, *to throw the rope after the bucket.*
solamente, *only.*
Solano. Proper noun.
solar, m., *ground, soil;* —de casas, *manor;* mal —, *unlucky location.*
soldado, m., *soldier.*
soler, *to be accustomed, be wont.*
solícito, —a, *diligent, solicitous, worried.*
solo, —a, *alone, only, single.*
sólo, *only.*
soltar, *to emit, cast forth.*
sonable, *sonorous.*
sonar, *to sound, make a noise; be heard about.*
sonido, m., *sound.*
sonreírse, *to smile.*
soplar, *to blow (dust off).*
sosegado, —a, *calm, easy, dignified.*
sospecha, f., *suspicion, doubt.*
sospechar, *to suspect.*
subir, *to rise, mount, increase, go up;* —se, *to go up, ascend.*
suceder, *to happen, turn out.*
sudado, —a, *sweaty.*
sudor, m., *sweat.*
suelo, m., *floor, ground; bottom;* de mal —, *unlucky location.*
suelto, —a, *loose.*
sueño, m., *sleep, sleeping, dream;* a — suelto, *soundly.*
suerte, f., *fate, fortune; manner;* de — que, *so that;* de tal — que, *in such a way that.*
suficiencia, f., *proficiency, skill, ability, calibre.*
suficiente, *proficient.*
sufrir, *to suffer, endure.*
suplicar, *to pray, beg, entreat.*
¡sus!, *ready!*
sustancia, f., *substance.*
sustentar(se), *to support onself, get sustenance.*
susto, m., *fright, scare.*
sutil, *subtle, clever; fine; small.*
sutileza, f., *subtlety.*

taberna, f., *tavern, inn.*
tabla, f., *board.*
tablilla, f., *small board.*
tachuela, f., *tack.*
tajo, m., *meat block.*
tal, *such (a); so much; such and such;* ¿qué —?, *how?;* — cual, *such as;* con — que, *provided.*
talabarte, m., *sword belt.*
talla, f., *carving;* caballeros de media —, *lesser nobles.*
también, *also.*
tampoco, *either, neither, not either, nor.*
tan, *so, as;* — (tanto) . . . cuanto, *as . . . as;* — (tanto) . . . como, *as (as much, as big) . . . as.*
tanto, —a, *so much, so many;* — más, *especially;* entre —, *in the meantime;* en — (que), *(mean)while;* un —, *somewhat;* algún —, *somewhat;* en —, *in the meantime;* por —, *therefore;* adv., *so much, so much so;* ciento y —s (—as), *one hundred odd;* otros —as, *that many.*
tañer, *to ring, toll.*
tapar, *to cover, stop up.*
tardanza, f., *tardiness, delay.*
tardar, *to delay;* — en, *to be long in.*
tarde, f., *afternoon;* adj., *late;* adv., *late;* de — en —, *every now and then.*
tasa, f., *measure, allotment.*
teja, f., *tile.*
Tejares. Proper noun.
tejer, *to weave.*
tela, f., *web.*
temer, *to fear.*
temeroso, —a, *frightened, scared.*
temor, m., *fear;* poner —, *to inspire fear.*
templado, —a, *temperate.*
temprano, *early.*
tender, *to stretch.*
tener, *to have, hold, keep;* — frío, *to be cold;* — por, *to consider;* —se, *to sustain oneself, stand up;* — por qué, *to have a reason;* — gran cuidado, *to be very careful;* ¿qué tienes?, *what is the matter with you?,* — en mucho, *to esteem highly, respect;* — en poco, *to scorn.*
tentar, *to feel, touch.*
tercer(o), —a, *third.*
terciana, f., *tertian fever;* — derecha, *genuine tertian fever.*
terciopelo, m., *velvet;* — raso, *satiny velvet.*
tesoro, m., *treasure.*
testigo, m., *witness.*
testimonio, m., *testimony;* levantar —, *to testify, testify falsely.*
tiempo, m., *time, opportunity;* en aquel —, *at that time;* en este —, *during (at) this time;* a un —, *at one and the same time;*

con —, *in time, timely;* desde mucho —
acá, *for a long time;* otro —, *bygone days;*
al — que, *while;* por el —, *in season.*

tiento, m., *feeling, touch; blind man's staff;*
al —, *by the touch, by the feeling;* dar —s,
to feel, groping.

tierra, f., *earth, land, country, region;* allá
en mi —, *down home.*

tío, m., *uncle; "grandpa," "uncle".*

tirar, *to pull; throw;* — coces, *to kick.*

título, m., *title.*

tocante, *pertaining.*

tocar, *to touch; to affect, concern;* por lo que
tocaba a, *for the sake of.*

tocino, m., *bacon.*

todavía, *yet, still, even.*

todo, —a, *all, every; everything;* —s, *all;* — lo
que, *all (that);* —s cuantos, *all those who;*
de — en —, *once and for all;* del —, *en-
tirely;* con —, *however.*

Toledo. Spanish city south of Madrid.

tolondrón, m., *bump.*

tomar, *to take, seize; reach;* —se a, *to begin
to.*

Tomás (Santo). Saint Thomas Aquinas,
mediaeval philosopher.

Tomé. Proper noun.

tono, m., *tone, voice.*

topar (con), *to encounter, come across, run
against.*

tope, m., *charge.*

torcer, *to twist.*

Tormes. Proper noun.

tornar(se), *to return, turn; become;* —a plus
infinitive, *to do again the action contained
in the infinitive;* — en sí, *to regain consciousness.*

toro, m., *bull.*

torrezno, m., *rasher of bacon.*

Torrijos. A town near Toledo.

tortilla, f., *small cake.*

trabajado, —a, *laborious.*

trabajo, m., *work, effort, difficulty, trouble,
grief, labor;* — de mis manos, *my handi-
work.*

trabajoso, —a, *hard, cruel, toilsome.*

trabar, *to clasp, hold.*

traer, *to bring; have; draw; earn; carry.*

tragar, *to sip, swallow.*

tragar, m., *drink, swallow, gulp.*

traidor, m., *traitor, rascal, villain.*

trampa, f., *trap.*

trampilla, f., *little trap.*

transido, —a, *overcome, famished.*

tranzado, —a, *braided.*

trapo, m., *rag.*

tras, *behind, after.*

trasgo, m., *ghost, goblin.*

trasponer, *to pass down.*

trasportado, —a, *transformed.*

trastornar, *to upset.*

tratado, m., *chapter.*

tratamiento, m., *treatment.*

tratar, *to treat.*

trato, m., *treatment; agreement; trade;
dealing; contact.*

travesar, *to cross.*

trebejar, *to play.*

trecho, m., *distance, stretch.*

trepa, f., *flogging.*

tres, *three;* — a —, *three by three.*

trigo, m., *wheat.*

tripa, f., *tripe.*

tripería, f., *meat market, tripery.*

triste, *sad, unfortunate, unhappy.*

tristeza, f., *sadness, sorrow.*

triunfar, *to triumph.*

trocar, *to change.*

trompa, f., *trumpet; "beak."*

troncho, m., *stalk.*

tropezón, m., *stumble, slip;* dar —, *to slip up.*

trote, m., *trot, gallop, pace, trotting;* de un
—, *at one (long) trot.*

trueco, m., *change, exchange.*

trueno, m., *thunder.*

truhán, m., *wag, rascal.*

Tulio, *Tully.* Famous Latin author and orator (106-43 B.C.).

turbarse, *to become confused.*

ufano, —a, *proud.*

último, —a, *last.*

un(o), —a, *a, an, one;* unos, —as, *some, a few;
the same;* unos a otros, *one another;* a una,
together.

unción, f., *unction.*

ungüento, m., *ointment.*

uña, f., *fingernail, claw;* — de vaca, *cow's
heel;* —s, *paws.*

usado, —a, *used, practical.*

usar, *to use; practice; behave.*

uso, m., *use;* a — de, *in the manner of, like.*

uva, f., *grape.*

vaca, f., *cow;* uña de —, *cow's heel.*

vaina, f., *sheath.*

Valencia. Province and city of Spain.

valer, *to avail, be useful, be worth; to protect;* — más, *to be better;* —se, *to take care of oneself.*

valeroso, –a, *lofty, noble.*

válido, –a, *valid.*

valor, m., *value.*

valladar, m., *fence, wall.*

Valladolid. City northwest of Madrid.

vano, –a, *futile, vain, in vain.*

vara, f., *rod (of authority), badge.*

varios, –as, *various, several.*

vasija, f., *vessel, pitcher.*

vecina, f., *neighbor.*

vecindad, f., *neighborhood;* tener — con, *to be a neighbor of.*

vecino, m., *neighbor.*

vejez, f., *old age.*

vendedor, m., *seller, dispenser.*

vender, *to sell.*

vendimiador, m., *vintager.*

Venecia, *Venice;* tesoro de —, *much wealth.*

venganza, f., *revenge, satisfaction.*

vengarse, *to take revenge.*

venida, f., *coming, arrival.*

venidero, –a, *coming, future.*

venir, *to come;* — a, *to come to the point of;* —se, *to come on;* — al encuentro, *to come toward.*

ventura, f., *fortune, chance;* por —, *perchance, perhaps.*

ver, *to see;* m., *opinion.*

verano, m., *summer.*

verdad, f., *truth; true;* es —, *it is true;* por —, *in truth.*

verdadero, –a, *true, accurate.*

verdiñal, *greenish, tart.*

vergonzoso, –a, *shameful.*

vergüenza, f., *shame.*

vestido, m., *clothes.*

vestirse, *to dress.*

vez, f., *time;* de — en cuando, *from time to time;* a veces, *at times;* tal —, *perhaps;* las más veces, *most often, generally;* una —, *once;* muchas veces, *many times, often;* una y otra —, *once and again;* de cuantas veces, *as often as;* en veces, *from time to time, at times.*

vezado, –a, *accustomed.*

vía, f., *way, road.*

vianda, f., *food, victuals.*

vicio, m., *vice.*

victorioso, –a, *victorious.*

vida, f., *life, living;* en mi —, *ever, never;* por mi —, *upon my word;* por vuestra —, *by all that is dear to you;* dar la —, *to keep alive.*

vieja, f., *old woman.*

viejo, –a, *old.*

vientre, m., *stomach, belly.*

vigilancia, f., *vigilance.*

villa, f., *town.*

villano, m., *villain; peasant.*

vino, m., *wine.*

virtud, f., *virtue.*

virtuoso, –a, *virtuous.*

visaje, m., *visage, grimace.*

visitar, *to visit.*

vista, f., *sight, view, appearance.*

visto, –a, p.p. of ver; — (que), *in view of, considering, since.*

viuda, f., *widow;* adj., *widowed.*

vivienda, f., *dwelling, house; mode of life.*

viviente, *living.*

vivir, *to live;* m., *mode of living.*

vivo, –a, *living.*

voluntad, f., *will, desire; mind;* tener en —, *to desire.*

volver, *to return;* —se, *to turn, become;* — en sí, *to regain consciousness;* — en su acuerdo, *to regain one's senses.*

votar, *to vow;* voto a Dios, *upon my word.*

voz, f., *voice;* dar (grandes) voces, *to shout;* a (grandes) voces, *(very) loud.*

vuelta, f., *turn, return; change;* dar —s, *to turn.*

y, *and.*

ya, *already, now;* — que, *since, as soon as, after;* — no, *no longer.*

yo, *I.*

yuso: de —, *above.*

zaga, f., *rear;* ir en —, *to be behind.*

Zaide. Proper noun.

zapato, m., *shoe.*

zozobra, f., *anxiety, anguish.*